KB232598

SAA Archival Fundamentals Series 5

# 기록의 이해

Understanding Archives and Manuscripts

한국국가기록연구원 기록학 번역총서 50

# 기록의 이해

## Understanding Archives and Manuscripts

James M. O'Toole 저
이 승 억 역

진리탐구(주)

SAA Archival Fundamentals Series 5 · 기록의 이해

한국어판은 미국아키비스트협회의 번역 · 출판 허락을 받고,
한국국가기록연구원의 번역 지원을 받아 출판되었습니다.

지은이 · James M. O'Toole / 옮긴이 · 이승억
초판 1쇄 인쇄 · 2004년 2월 5일 / 초판 1쇄 발행 · 2004년 2월 10일
발행인 · 조영재 / 발행처 · 도서출판 진리탐구 / 출판등록 · 1993년 11월 17일(제10-898호)
주소 · 서울특별시 마포구 용강동 494-53 (121-876)
전화 · 02-703-6943~4 / 팩스 · 02-701-9352
값 · 15,000원 / ISBN · 89-8485-081-0 · 89-8485-048-9(set)

# 서  문

이번에 새로 나오는 7권의 SAA 기록학 기초시리즈(Archival Fundamental Series)는 현대 기록관리의 이론과 실무의 기초를 마련하기 위해 기획되고 집필되었다. 이보다 앞서 나와 지난 12년 넘게 기록관리 관련 지식과 기술을 설명하고 이를 발전시키는 데에 탁월한 공헌을 했던 기본 편람 총서(Basic Manual Series)와 같이 이 시리즈도 기록관리 전문분야에 종사하는 **일반 독자**를 대상으로 하며 널리 활용되는 것을 목표로 한다. 모든 유형의 기록관에서 다양한 기록관리 업무를 담당하는 아키비스트, 일반 실무자, 전문가 모두에게 이 시리즈가 기록학 지식과 기술을 축적하고 강화하는 데 도움이 되기를 바란다.

이 시리즈는 SAA의 기록관리학 대학원 교육 지침(Guidelines for Graduate Archival Education)에 제시된 기록관리 기본기능을 모두 포함하도록 기획하였다. 시리즈의 각 저서들은 기록관리 업무의 기반이 되는 이론적 원칙, 기록관리 전문직의 보편적인 기능과 활동, 그리고 모범적인 실무 기법 등을 다루고 있다. 아울러 오늘날의 실무자들을 위한 조언을 제공하여 기록관리 전문직 내의 급격한 변화에 대처할 수 있도록 하였다.

SAA가 출간한 더 전문화된 편람들과 함께 본 기록학 기초시리즈는 모든 아키비스트들에게 핵심장서가 되어야 할 것이다. 이 시리즈는 학생은 물론 기록관리 업무를 폭넓게 개관하고 그 주요 요소들을 심층적으로 다룬 자료를 원하는 초보자들에게 특히 유용할 것이다. 시리즈에 포함된 책들은 또한 경험 있는 아키비스트, 특히 신규직원이나 자원봉사자 등과 함께 일하는 아키비스트에게 귀중한 지침과 참고자료가 될 것이다. 기록학 기초시리즈가 앞으로 오랫동안 기록학 문헌의 지표가 되기를 희망하는 바이다.

이 출판물들은 많은 이들의 협조를 받아 제작되었다. SAA의 독자, 심사자, 직원, 편집위원들이 큰 도움을 주었다. 특히 훌륭한 조언과 지원을 아끼지 않았던 사무국장 돈

닐(Donn Neal), 편집위원장 수잔 그리그(Susan Grigg), 원고를 출판물로 재탄생시킨 사진편집자 로저 프롬(Roger Fromm)과 편집실무자 테레사 브리나티(Teresa Brinati)에게 감사드린다.

아울러 본 협회는 이 시리즈의 준비와 초기 인쇄에 재정지원을 해준 NHPRC (National Historical Publications and Records Commission)에 깊은 감사의 뜻을 표한다.

**메리 조 푸**(Mary Jo Pugh)
기록학 기초시리즈 편집장

# 감사의 글

책을 만드는 일은 끝이 없다는 성서의 예언은 옳았다. 다른 많은 책들처럼 본서도 때때로 끝을 볼 수 없을 것 같았으나 그 과정에서 많은 사람들의 격려와 도움을 받았다. 메리 조 푸(Mary Jo Pugh)는 완벽한 전문가적 안목을 가지고 이 책과 이 책이 속한 기록학 기초시리즈(Archival Fundamentals Series)의 모든 책들에 대한 총 편집자로서의 역할을 수행하였다. 그녀는 내가 품은 생각과 그것의 표현 방법 두 가지 모두가 가능한 한 명료해지고 그럴듯해질 때까지 계속해서 의문을 제기해 주었다. 우리 둘의 생각이 언제나 일치하지는 않았지만 그녀와의 토론이 내게 흥미로웠듯이 그녀도 그랬기를 바란다. SAA의 돈 닐(Donn Neal), 테레사 브리나티(Teresa Brinati), 조이스 지아나타시오(Joyce Gianatasio), 제인 케너모어(Jane Kenamore) 등은 어떤 문제점들이 해결될 때까지 최선을 다해 주었고, 원고를 시간에 맞출 수 있도록 작업이 진행되는데 기여해 주셨다. 모두에게 깊은 감사를 드린다. 로저 프롬(Roger Fromm)은 사진과 삽화 작업에서 실로 창조성과 인내심이 완벽하게 조화된 모습을 보여주었다. 한편 초고를 검토해주신 분들께도 고마운 마음을 표현하지 않을 수 없다. 편집상 예의라는 세심한 관습에 따라 검토자들은 저자를 알지만 저자는 검토자들을 알지 못하도록 되어 있다. 그래도 나로서는 단지 '1번 검토자 ' '2번 검토자'로서 흠모할 수밖에 없는 그 분들의 유익한 논평에 감사의 마음을 전한다.

나는 독선적이며 우매한 사람이나 범하는 홀로 작업하는 우를 범하지는 않기 위해 이 책을 준비하면서 많은 동료와 친구들의 도움에 의존하였다. 그들은 내가 대충대충 넘겨 온 중요하고도 명백한 논제에 관해 지적했고 흐트러진 사고와 뒤죽박죽 헝클어진 문장의 늪에서 나를 구하는데 최선을 다하였다. 그들은 초고를 읽고 반대 의견이나 통찰력 있는 지적을 적어 주었다. 특히 한 사람이 큰 도움을 주었는데 그는 "미적거리지만 말고 당장 시작하시오"라고 이야기하였다. 이런 지적들은 내가 흔히 저지르는 실수를 한데 나열해 놓은 것이었지만 그럼에도 불구하고 나는 다시 한 번 리차드 콕스(Richard Cox), 티모시 에릭슨(Timothy Ericson), 존 켄달(John Kendall), 로날드 패트커스(Ronald Patkus), 헬렌 사무엘스(Helen Samuels) 등에게 뜨거운 감사의 마음을 표현하는 바이다. 이 책에서 이들의 조언을 소홀히 해 여전히 실수가 남아 있다면 그것은 전적으로 나의 책임이다.

이밖에 다른 신세도 졌다. 보스턴의 매사추세츠대학에서 나의 연구조교로 있는 크리스틴 피터슨(Kristin Petersen)은 기록관리 역사를 다룬 장의 내용을 집필하는데 있어 불평 없이 묵묵하게 적절한 관련 문헌을 찾아 주었다. 이 책은 내가 하와이 대학 문헌정보학과의 기록관리개론 계절학기 강좌를 맡은 기간 동안 그 구상 대부분과 실제 집필이 이루어졌다. 작업을 격려해 준 딘 마일스 잭슨(Dean Miles M. Jackson) 학장과 학생들에게 깊은 고마움을 표한다. 내가 즐겁게 머물 수 있도록 해 주고 또한 집필작업을 곤란하게 하여 이따금은 작업진행을 불가능하게까지 만들었던 매혹적인 낙원을 고맙게도 친절히 안내해 준 밥 스티븐스(Bob Stevens)와 헬렌 스티븐스(Helen Stevens)에게도 역시 감사의 마음을 전하고자 한다.

제임스 M. 오툴(James M. O'Toole)

# 역자 서문

기록은 한 사회가 남긴 경험이나 지식에 관한 유형의 증거이다. 모든 기록은 나름대로의 목적에 의해 만들어지지만 그렇게 생산된 기록은 그 목적 이상의 용도로 사용된다. 학자, 경력·재산·가계 등의 증거 자료를 찾는 사람, 업무 자료가 필요한 사람들 각각은 나름의 목적과 관점을 가지고 기록이라는 증거에 접근한다. 그리고 이와 같은 다양한 활용을 거치면서 특정 맥락에서 만들어진 기록에는 '계속적 이용'이라는 기록관리의 또 다른 컨텍스트가 추가된다.

그렇다면 이 책의 제목처럼 기록을 이해하는 것은 과연 무엇을 의미하는가? 그것은 첫째로는 기록과 그것이 만들어진 맥락을 아는 것이며, 둘째는 그 자체가 독립된 증거인 기록을 원래의 맥락과 질서대로 유지하는 방법을 아는 것이며, 마지막으로는 그러한 원래의 맥락이 유지되는 가운데 다양한 이용을 최대화할 수 있는 방법을 아는 것이 될 것이다. 이는 기록을 이용해 다른 무언가를 연구하는 사람보다는 기록 그 자체가 연구 목적인 사람, 기록관을 이용하는 사람보다는 거기서 일하는 사람, 그리고 기록관리 정책을 세워야 할 위치에 있거나 기록을 기록관에 보관하려는 사람들에게 우선적으로 필요한 관점이나 지식이 될 것이다. 저자가 밝힌 책의 목적은 바로 이런 사람들 즉, 기록학을 연구하려는 학자나 학생, 기록관에서 근무할 사람이나 관련 행정가, 기록관에 기록을 기증하려는 사람이 기록을 알게되도록 돕는 것이다.

책의 내용은 네 가지로 구성되어 있다. 우선 기록정보의 생산·유지·이용의 특성, 기록관과 기록전문직의 역사 그리고 기록전문직에 필요한 지식과 가치관, 기록전문직의 책임과 의무가 그것이다. 단적으로 말해 이 책은 기록관리, 기록관, 기록전문가에 관한 간략한 역사라고 할 수 있다. 주로 서양, 특히 미국 중심의 내용이지만 특수성 속의 보편성을 얻을 수 있는 내용도 많다. 그리고 우리 현실에 맞는 기록의 이해를 위한 책은 어디까지나 우리 몫이라고 보는 편이 옳을 것이다.

번역과정에서 어려웠던 점은 대역어를 찾는 일이었는데 제목에서부터 순조롭지 않았다. 기록학의 가장 기본용어인 'record', 'archive', 'manuscript', 'document' 등은 이제까지 그대로 음을 빌리거나 '기록', '문서'라는 말 앞에 수식어를 붙여 사용해 왔다. 대안이 있는 것도 아니지만 '기록'이라는 말 앞에 '영구보존'이나 '현용', 또는 '사(私)' 등을 붙인 말들은 의미가 충분히 담기면서도 정제된 만족스러운 대역어라고 생각되지는 않았다. 그외 다른 말들도 대역어를 찾는 일은 쉽지 않았다. 예를 들면 'archival'이라는 말은 영어로 된 기록학 문헌의 문맥을 이해하는데 있어 매우 중요했지만 어떤 경우도 무난한 번역이 되지는 못했다. 결국 역자 개인의 책임이자 다른 한편으로는 현재 우리 기록학계의 과제라고도 할 전문용어 대역어 문제는 많은 부분이 고스란히 남을 수밖에 없었다. 이후 용어에 관한 성과가 다른 판본에라도 반영될 수 있는 기회가 오기를 바랄 뿐이다.

책을 번역하는데는 여러분의 도움을 받았다. 먼저 번역할 기회를 마련해 준 한국국가기록연구원에 감사드린다. 한국국가기록연구원의 설문원 박사님과 한국여성개발원의 이소연 박사님이 주신 도움은 일일이 나열할 수 없을 정도이다. 번역작업 과정에서 두 분은 서로 다른 학문 간의 지속적이면서도 진솔한 협력이 기록학의 장래에 얼마나 절실하고도 중요한 일인지 느끼게 해 주셨다. 난삽한 초고를 인내심을 가지고 꼼꼼하게 교정을 봐준 홍성은씨에게도 감사드린다. 한남대 대학원생들과의 진지한 토론도 번역에 도움이 되었다. 마지막으로 언제나 곁에서 조용히 지켜보면서 내용과 생활 두 가지 모두 성심껏 도와준 동료이자 아내인 이현정에게도 고마운 마음을 이제야 표현하려 한다.

2003년 12월
대전에서  **이 승 억**

# 차    례


서    문 ······················································· 5
감사의 글 ·················································· 7
역자 서문 ·················································· 9

서      론 ······················································· 13

**제 1 장 정보의 기록·관리·활용** ················· 19
  1.1. 구술(口述)시대 ······························ 19
  1.2. 문자의 등장과 확산 ······················ 21
  1.3. 정보를 기록하는 이유 ·················· 25
  1.4. 보존에 대한 충동 ························· 29
  1.5. 기록 생산 기술 ··························· 32
    1.5.1 종이 ··································· 33
    1.5.2 쓰기재료와 도구 ················· 33
    1.5.3 인쇄 ··································· 34
    1.5.4 기계를 이용한 기록생산 ········ 34
    1.5.5 복사기계 ··························· 36
    1.5.6 파일링시스템 ····················· 37
    1.5.7 사진기록 ··························· 37
    1.5.8 기록매체 변경 ··················· 38
    1.5.9 소리의 기록 ······················ 39
    1.5.10 컴퓨터에 의한 정보 ············ 39
    1.5.11 기록되지 않는 정보 ············ 40
  1.6. 현대 기록정보의 특성 ·················· 42
  1.7. 기록의 유용함 ··························· 46

**제 2 장  기록관과 기록전문직의 역사** ················ 51

2.1. 구시대의 선례(先例) ················ 52

2.2. 미국의 두 가지 기록관리 전통 ················ 56

2.3. 기록전문직의 출현 ················ 62

2.4. 중요한 시기로서의 1930년대 ················ 65

2.5. 분화와 발전 ················ 70

2.6. 전문직 정체성에 의한 통합 ················ 77

2.7. 현재와 미래의 쟁점들 ················ 85

**제 3 장  아키비스트의 지식과 가치관** ················ 89

3.1. 지식 ················ 90

3.1.1. 개인·조직·제도에 관한 지식 ················ 90

3.1.2. 기록에 관한 지식 ················ 92

3.1.3. 기록이용에 관한 지식 ················ 97

3.1.4. 기록관리원칙에 관한 지식 ················ 99

3.2. 가치관 ················ 105

**제 4 장  아키비스트의 책임과 의무** ················ 109

4.1. 기록의 획득 ················ 113

4.1.1. 확인 ················ 113

4.1.2. 평가 및 수집 ················ 113

4.1.3. 물리적 보존 ················ 114

4.2. 기록의 조직 ················ 115

4.2.1. 정리 ················ 115

4.2.2. 기술 ················ 116

4.3. 기록의 제공 ················ 117

4.3.1. 정보서비스 ················ 117

4.3.2. 접근 ················ 118

4.3.3. 윤리 ················ 119

4.3.4. 정보공유 ················ 119

4.3.5. 전시 및 확장서비스 ················ 121

**참고문헌 해설** ················ 123

# 서　론

기록정보(recorded information)는 현대사회 어디에나 존재한다. 손으로 썼거나 타이프로 친 글, 워드프로세서로 작성해 출력한 서류, 출판된 도서·잡지, 스틸 사진이나 동영상필름, 비디오테이프, 소리기록 그리고 심지어는 눈으로 볼 수 없는 얇은 플라스틱 표면의 전자기에 불과한 전산데이터에 이르기까지 우리는 다양한 형식의 기록된 정보들을 주변에서 흔히 볼 수 있다. 많은 사람들이 일상생활에서 갖가지 기록을 만들어내며 또 그만큼 그 기록을 다양하게 이용하려 한다. 이 책의 목적은 기록을 이해하는 것으로서 기록이 어디에서 비롯되는지, 무엇으로 만들어지는지, 무엇을 보여주는지, 어떻게 조직하여 관리하고 이용하는지 등에 관해 알아보는 것이다.

기록정보를 보존·관리하는 일은 몇몇 전문직 공동의 책임이다. 특정 기록을 조직하고 보존하여 이용가능하게 하는 아키비스트, 사서, 큐레이터, 전산자료 전문가 등이 같은 기록 전문직 부류에 속한다고 할 수 있다. 과거 이들 전문직 사이에는 대개 각자가 다루는 정보의 물리적 형식에 따라 서로의 차이를 강조하는 경향이 뚜렷했다. 그러나 요즘은 과거처럼 분야간 경계선이 엄격하지 않으며 차이만큼 공통점도 많다는 인식이 넓어졌다. 기록의 형식 그 자체는 정보를 기록하고 유지·활용해야 할 이유보다는 덜 중요한 것이다. 정보를 조직하여 쓸모 있게 하는데 있어서의 다양한 목표는 그것을 위해 도입하는 특정한 절차들간에 존재하는 차이점에 상관없이 위에서 언급한 전문직 모두가 분담해야 할 공동의 몫이다.

책에서 다루고자 하는 것은 '아카이브와 매뉴스크립트'[1]라는 말로 포괄되는 기록정

---

[1] '기록'을 뜻하는 '아카이브'와 '매뉴스크립트'는 각각 다른 의미를 가지고 있는 용어이다. 주지하듯이 '아카이브와 레코드'에서 '레코드'는 생산된 목적으로 활용 중인 기록을, 아카이브는 이런 직접 활용이 끝난 후 계속적 가치에 따라 남겨진 기록을 의미한다. 이에 비해 '아카이브와 매뉴스크립트'에서 '아카이브'는 일정한 기록관리 프로그램에 따라 모 기관으로부터 이관된 기록을, '매뉴스크립트'는 특정한 주제나 기획에 의해 수집된 기록물 컬렉션을 의미한다. 이는 미국에서 '공공기록(public archives) 관리'와 '역사기록(historical manuscripts) 관리' 전

보이다. 여기에는 개별 기록정보와 그 조직들 그리고 기관이 포함되어 있다. 기록은 일정한 활동의 결과로서 생산된 것이며, 그것이 보존되는 이유는 당장의 목적에 필요하고 장기적으로도 유용하기 때문이다. 기록이 지닌 물리적 형식은 다양하지만 이 다양한 형식보다 중대한 것은 내용에서의 중요함이다. 단지 '오래된 것'만 아카이브 또는 매뉴스크립트라고 할 수 있는 것은 아니다. 만약 일정한 가치가 존재한다면 바로 어제 만들어진 것까지도 거기에 포함될 수 있다. 다시 말해 '아카이브'라는 것은 만들어진 시기나 외양이 아니라 내용과 의미에 따라 그리고 그것이 유용하기 때문에 그렇게 부를 수 있는 것이다.

아키비스트는 이러한 기록의 보호라는 역할을 공통으로 분담하고 있다. 아키비스트는 개별 기록이나 기록군 중에서 영구적으로 보존할 가치가 있는 것을 선별하고, 그 다음 그것을 체계적이며 조리 있게 조직한 후 이용자들이 그 기록정보를 활용할 수 있도록 만드는데 우선적으로 시간과 재능을 투여한다. 아키비스트가 이러한 일을 완수하려면 자신이 다루어야 할 기록물들과 그것들을 처리할 적절한 절차에 관해 충분히 이해하고 있어야 한다.

기록을 이해하는 일은 모든 형태의 기록이 만들어지는 방법과 이유를 이해하는 것으로부터 출발한다. 문자가 널리 보급됨에 따라 인간은 기록을 만들어 그렇게 남긴 정보를 무한한 미래에도 계속 유용하게 할 수 있게 되었다. 기록을 만들어내는 기술이 발전하면서 19세기 20세기에 이르면 기록은 특성에 따라 많은 양이 다양하게 생산되었다. 이제 기록은 더 이상 손으로만 쓰여지지 않으며 기계나 전자적으로 그리고 그밖에 다른 수단으로 만들어진다. 그렇지만 활용이라는 면에서는 기록생산기술만큼 근본적으로 변하지 않았다. 기록을 알려면 정보가 왜 기록되는지, 어떻게 기록되는지 이해해야 한다.

---

통을 구별하는 입장과 같은 맥락에 있다(본서 2장 참조). 이처럼 '아카이브와 매뉴스크립트'는 기본적으로 각각 공공기록과 사기록을 의미하는 것이지만 미국 기록관리 역사에서는 기록의 수집 형식과 관리 형태에 의해 구분되기도 한다. 미국에서는 주립기록관과 별개로 주정부가 생산한 공공기록을 역사협회가 소장하고 있는 경우가 있어 이른바 매뉴스크립트 보존소 소장 컬렉션에도 공공기록이 포함된 경우가 많다. 밀러가 매뉴스크립트를 '사라진' 또는 '이탈한' 아카이브라는 의미로 'fugitive archive'라 표현한 것은 그런 이유이다.(F. Miller, *Arranging and Describing Archives and Manuscripts*, 조경구 역. 서울 : 진리탐구, 2002. 28쪽). 아카이브와 매뉴스크립트 각각은 별개의 의미를 지닌 용어지만 한편으로 'archives and manuscripts'라고 통칭할 때는 기록관리기관에 있는 기록 전반을 의미하므로 이 책에서는 의미를 특별히 구별해야 할 경우를 제외하고는 그냥 '기록'으로 번역하였다. 〔역주〕

또한 기록을 이해하는 것은 바로 단기적으로나 장기적으로 기록된 자료를 유용하게 하는 것이 무엇인지를 정확하게 인식하는데 달려 있다. 기록은 인간이 벌인 활동과정에서 생겨난 정보가 구체화된 것이다. 편지는 서로 떨어진 먼 거리에서 주고 받으면서 영구적인 메시지로 고정된다. 어떤 기록에는 수행해야 될 일이나 상태가 명시되기도 한다. 예를 들어 건축도면에는 목수나 배관공이 해야 할 작업이나 시설에 갖춰야 할 장비가 표시되어 있다. 또한 어떤 일을 처음으로 성문화한 기록은 이 일 이후에 이와 관련해 어떻게 활동을 이어갈지 검토하는데 쓰여진다. 논의 내용과 결정사항을 적은 회의록에는 단지 사실이 기술되어 있을 뿐이지만 이를 통해 새로운 어떤 활동이 이루어질 수 있게 되기도 한다. 쌍방간 이루어진 계약서에는 합의된 사항과 그것의 이행여부를 판단할만한 근거와 기준들이 분명하게 쓰여 있게 마련이다. 일기는 소홀히 하다 보면 잊어버릴 수도 있는 기억이나 감정들을 상기시켜 준다. 이처럼 무언가 기록되어 저장되는 것은 우선은 당장 직면한 실질적인 목적에 따른다.

그렇지만 시간이 지남에 따라 기록된 정보는 새롭게 활용되기도 한다. 회의록을 보면 한 조직적 실체가 어떻게 성장하여 번성하다가 시들어 소멸했는지를 알 수 있으므로 이를 통해 그 조직의 역사에 관해 쓰는 것이 가능하다. 건축도면은 건물이 서 있는 동안 계속 실무적으로 활용되지만 또 한편으로는 같은 도면을 통해 건축물에 관한 미학적 연구도 할 수 있다. 오래된 계약서는 단지 법적 차원에서만 접근할 수 있는 것은 아니다. 만약 이용자가 역사적인 문제와 관련하여 어떤 해답을 구할 경우에는 개인과 그들의 사회적 관계가 담긴 다양한 정보를 찾을 수 있을 것이다. 한편 개인문서 (personal papers)가 자서전 집필의 자료가 되었을 경우 그 기록은 그 책을 보는 독자들로 하여금 전혀 다른 시공에 살았던 사람들을 '알게' 하는 기회가 되기도 한다. 이처럼 기록은 직접적인 용도와 더불어 이와는 구별되는 상당히 폭넓으며 매우 다르게 활용될 수 있는 잠재력을 가지고 있는 것이 사실이다. 이른바 명확하지 않은 미래를 위해 기록을 영원해 보존하는 것은 현실화될지 모르는 잠재적 활용 가능성을 열어 놓음을 뜻한다. 기록을 이해하기 위해서는 기록의 폭넓은 활용 가능성과 시간이 지남에 따라 기록의 의미와 중요성이 어떻게 높아지는가를 정확히 인식해야 한다.

아키비스트는 특정한 관점에서 기록이 어떻게, 왜 생산되었는지, 기록에 담긴 정보가 당장에 그리고 장래에 왜 필요한지 또 새롭게 나타난 미래의 활용이 본래 존재한 직접적인 생산목적에 따른 이용을 어떻게 대신하는지에 관해 설명한다. 아키비스트의 관점은 같은 기록을 보는데 있어 다른 사람들의 시각과 다르다. 이는 전문직으로서 경력으로 다듬어진 폭넓은 지식으로부터 나온다. 아키비스트는 우선 기록을 만든 개인과 조직 그리고 제도에 관한 지식을 통해서 결정적으로 중요한 기록의 컨텍스트를 입증해 주는 여러가지 과정들이 어떻게 발생하는지 알고자 한다. 아키비스트는 특성·기능·중요성 등 결과물로서의 기록에 관한 지식을 통해서 기록관으로 보내지기 오래 전에 시작되는 기록의 생애주기를 이해하려고 한다. 아키비스트는 모든 종류의 기록정보가 원래 어떻게 이용되었는지에 관한 지식을 숙지함으로써 기록 이용자들의 예측 불가능한 궁금증을 해결하는데 도움줄 수 있도록 하려 한다. 마지막으로 아키비스트는 기록을 다루는 가장 적절한 원칙이나 기법 그리고 그런 원칙이 만들어진 역사적 과정에 관한 충분한 이해에 기반하여 기록 컬렉션을 관리하고 그것에 접근할 수 있도록 한다.

이같은 다양한 종류의 지식들은 아키비스트가 지닌 관점의 기초이다. 주목해야 할 것은 그러한 지식에서 비롯되는 것으로서 아키비스트 스스로가 자신이 벌이는 노력에 적용하는 전문직으로서의 가치관(professional values)이다. 이러한 특징적인 믿음은 전문직으로서의 조건을 형성하는 관건이 되기도 하지만 보다 중요한 것은 아키비스트가 스스로를 이해하고 또 다른 사람들에게 자신이 벌이는 활동이 가치가 있음을 설득하는 일이 그러한 믿음을 통해서 이루어진다는 점이다. 아키비스트는 활용될 수 있기 때문에 즉, 오랜 기간 필요할지 모르는 정보를 담고 있기 때문에 기록이 보존되어야 한다고 믿는다. 또한 아키비스트가 개인 정보나 기밀을 보호함에 있어 중시하는 것은 모든 기록 이용자를 공평하게 대해야 할 필요에 따라 기록의 보호와 이용 두가지 모두를 공정히 처리하는 것이다. 이상의 점들과 그밖에 다른 가치관에 의해 아키비스트가 가지게 되는 특별한 입장이 형성된다.

아키비스트의 관점은 실질적인 것으로서 아키비스트가 매일매일 실천하는 일 속에서 구현된다. 그러므로 기록을 이해하기 위해서는 전문지식 또는 전문직으로서의 유용한 가치를 적용할 기회인 아키비스트의 직무, 책임, 의무에 관한 고려가 필요하다. 아키비스트의 직무에는 폭넓은 세 가지 활동영역이 포함되며 각 영역에는 다수의 특화된 책무가 수반된다. 첫 번째 영역은 기록의 수집과 저장이다. 기록을 확인하고 그 보존 여부를 결정하며, 기록을 기록관에 공식적으로 이송하고 물리적으로 기록을 보존하는 것 등이 여기에 속한다. 그 다음 영역은 기록을 조직해 그것을 특정한 물리적·지적 질서 속에 두는 것 그리고 그 질서에 관해서 이해와 이용이 가능한 형식으로 기술하는 것이다. 마지막 영역은 아키비스트가 다양한 형식 즉 직접방문·우편·전화로 또는 전자우편이나 팩시밀리 등을 통해서 정보를 찾고자 하는 사람이 기록을 이용할 수 있도록 하는 것이다. 아키비스트는 만약 기록에 대한 접근제한이 필요하다면 그것이 불가피하다는 단호한 입장을 취한다. 그렇지만 동시에 다른 한편으로는 기록 자체에 관한 정보는 널리 알리기 위해 전시회나 교육 등의 대중프로그램을 열어 보다 광범위한 대중이 기록에 관한 정보를 접할 수 있도록 한다. 만약 아키비스트의 직무가 지닌 전문성에 이런 다양한 측면이 없다면 그것은 별 의미없는 것일 수도 있는데 이런 다양성 때문에 많은 아키비스트가 자신의 직업에 대해 매력을 느끼기도 한다.

이 책의 목적은 아키비스트 지망생, 기록학을 공부하는 학생, 기록관 설립을 고려하는 행정가 그리고 기록관에 기록을 제공하고자 하는 잠재적인 기증자들에게 이상에서 언급한 사항들을 소개하는데 있다. 기록은 그것이 만들어진 삶의 과정과 밀접하게 관련되어 있기 때문에 그 다양함 속에 인간적인 본성이 함께 들어 있게 마련이다. 기록을 이해하는 것은 곧 우리 자신을 이해하기 위한 문을 여는 것에 다름 아니며, 그로 인해 기록의 관리는 끊임없는 도전과 만족을 만들어내는 일이 되기도 한다.

# 1



# 정보의 기록·관리·활용

정보를 기록하고 오랜 기간 동안 유지하고 활용할 방법을 찾는 것은 인류의 오래된 과제였다. 자료를 모으고 이해하고 활용하는데 있어 인간은 다소 탐욕스럽기까지 한 욕망을 가지고 있다. 따라서 오랜 세월 동안 필요하고 원할 때면 언제라도 그것을 상기할 수 있도록 지식을 고정시킬 수 있는 수단을 추구해 왔다. 과거 경험을 기억해 내서 그것으로부터 무언가 배우기 위해서는 믿을 수 있는 방법으로 알고 있는 바를 고정시키는 것이 필요했다. 인간은 수많은 방식으로 이 문제를 해결할 영리한 방법을 고안해 왔다. 기록정보의 성격과 특징을 이해하는 것은 기록하고 그것을 유지하거나 이용하려는 사람이라면 누구에게나 필수적인 것이다.

## 1.1 구술시대

입으로 무언가를 표현하는데 있어 인간은 타고난 능력을 지녔다. 생리적으로 인간은 입으로 복잡한 소리를 내면서 말하는 최초의 존재이다. 인간은 태 속에서 처음 세상으로 나올 때 소리를 낸 이래 그러한 습성을 계속 유지한다. 인간은 말하기와 듣기를 통해서 자료를 모으고 지식을 찾으며 일정 수준의 이해에 도달한다. 또 같은 방식으로 시간 및 공간에 상관없이 매우 간결한 이미지를 연상시키는 구술어를 통해 정보를 다른 사람에게 전달한다. 모든 다양한 정보를 담는 궁극적인 저장 장치는 바로 인간의 사고이다. 그리고 그것은 사회가 알고 있는 바가 담긴 모든 구성원들의 집합적 사고이다.

구술시대에 정보를 저장하고 전달하는 것에는 많은 이점들이 있었다. 그것은 개인이

호머의 서사시는 글로 쓰여지기 훨씬 오래 전에 입으로 전해졌다.
(H. L. Pierce Fund, Museum of Fine Arts, Boston 제공)

서로 얼굴을 대면하여 얼마나 성공적으로 이야기했나에 달려 있는 것으로서 사회적 성격을 띠는 것이었다. 서로 소리로 생각을 전달하면서 의미나 결론을 이끌어 내는 과정에서 사람들은 점진적으로 데이터를 분석했다. 구술시대에 사람들은 충분한 이해에 도달할 때까지 상대에게 계속 의문을 제기하였다. 여기에는 어느 정도 문제도 따랐다. 말로 이루어지는 의사소통에서는 부득이하게 정보가 순간적으로 존재한다. 즉 실체 없이 존재한다는 것이다. 정보라는 의미의 'information'이라는 말을 보면, 'infor-'는 '-mation'을 취함으로써 뜻이 통하게 되고, 그래야만 그 의미 역시 전해지게 마련이다. 그런데 심각한 것은 인간의 기억에서 발생하는 오류가 사실상 불가피하다는 사실이었다. 배우거나 알게 된 것이 무엇이든 간에 인간이 그것을 완전히 잊어버리거나 또는 불완전하게 기억하는 일이 생기게 마련이라는 것이다. 그래서 인간은 쓰는 방법이 고안되기 전에 필요로 하는 정보를 잘 유지할 수 있도록 기억력을 높일 방도를 찾아야 했다.

문자사용 이전 사람들의 기억이라는 것은 실제로 압도적으로 문자를 많이 쓰는 현대인들이 생각하듯 그렇게 대단하지는 않았다. 그렇지만 쓰기가 없었던 문화에서도 알고 있는 지식을 유지하는 능력을 향상시키려는 노력이 계속되었던 것이 사실이다. 그들은 기억력을 높이기 위해 운율 등의 힘을 빌려 시나 그밖에 정형화된 언어에 중요한 정보를 담았다. 정보를 남기려는 노력에는 종교적인 것과 세속적인 것을 포함한 각종 제례나 의식도 활용되었다. 그들은 입으로 말해서 시각화하는 기술을 통해 개인 또는 전 사회구성원 차원의 삶에서 발생한 중요 사건들을 기념해야 할 대상으로 이끌어 냈다. 기억하기 위해 고안된 이상의 방법으로 정보의 보존을 도와서 망각하는데 대비했던 것이다.[2]

정보를 구술로 전승하는 기술은 먼 옛날에 한정되지는 않는다. 그 기술은 문자를 충분하게 사용하는 문화에서조차 다른 방식으로 남아 있다. 아이들이 줄넘기 놀이를 하며 부르는 동요에는 배운 바를 보전하며 또 그것을 다른 사람에게 전달하는데 있어서 운율이 발휘할 수 있는 힘이 나타난다. 노년기에 들어 종교활동을 중단하고 기도를 반복해 실행하지 않아도 사람들은 여전히 유년기의 기도문구를 암송할 수 있다. 결혼반지를 끼는 관습은 반지가 중요한 사실을 상기시키는 상징이 되도록 하게 하기 위한 것이다. 기억이 정보를 저장하는 주된 저장 수단일 때는 중요한 것이든 사소한 것이든 알고 있는 바를 유지하기 위해 기억하는 능력을 향상시킬 수 있는 것이라면 기꺼이 모든 것이 받아들여졌다.

## 1.2 문자의 등장과 확산

쓰기는 상대적으로 늦게 발전했다. 말하기와 달리 쓰기는 인간의 천성이나 생리적인 것에 기초해 있지 않은 외래적이며 기술적인 특성을 가지고 있다. 그렇지만 분명 쓰기가 가진 위력은 처음부터 구술수단에 의한 정보보존을 압도하였다. 그 자체로는 내재적 의미가 없는 'T'와 같은 상징에 불과한 문자에 특정한 소리를 부여하고 이렇게 관습적으로 합의된 상징들을 사용하여 정보를 적어둘 수 있게 됨에 따라 모든 종류의 정보를 탄력적이고 믿을 수 있는 방식으로 보존할 수 있게 되었다. 사람들이 무언가를 잊어버리게 되면 이렇게 기록해 놓은 기억이 그것을 되살렸다. 사실상 기억을 못하더라도 쓰여진 기억을 필요할 때마다 이용할 수 있다면 그런 자신감 때문에 의식적으로 정보를 확실하게 기억하지 않거나 애초부터 습득하려 하지 않는 경우도 있을 수 있었다.

쓰기를 통해서는 보다 고정된 형식으로 정보를 저장하는 것도 가능해져 이에 따라 사물을 좀더 정확하게 정의할 수 있게 되었다. 구술시대에는 원래의 사물이나 현상에 관한 전반적인 취지나 의미에 부합하면 그것을 정확한 분석으로 간주하였다. 반면에 쓰기가 보편화된 시대의 정확함이란 보다 정밀해져 텍스트의 사실 부합 정도나 논리적 연속성 등 문자 그대로의 정확도를 의미하였다. 바로 여기에서 중요한 것은 쓰여진

---

2) 구술시대와 정보의 전달에 관하여 훨씬 양질의 지침서가 될 수 있는 책은 Walter J. Ong, *Orality and Literacy: The Technologizing of the Word*(London: Methuen, 1982)이다. 특정 문화의 구술기억기술의 활용에 관해서는 Eric A. Havelock, *The Literate Revolution in Greece and Its Aftermath*(Princeton: Princeton University Press, 1982)와 고전적인 저작인 Albert B. Lord, *The Singer of Tales*(Cambridge, Massachusetts: Harvard University Press, 1960)을 보라.

정보는 오랜 기간 동안 보존이 가능하며 사람과의 직접적인 대면 없이도 보다 쉽게 먼 곳까지 전달할 수 있었다는 점이다. 쓰기를 통해 흩어져 있는 개인들은 시간이나 공간에 구애받지 않고 구술로는 결코 불가능한 분명한 의사소통을 할 수 있게 되었다. 쓰여진 기록은 기억으로 존재하는 운율이나 기념 대상보다 효과적이며 가장 훌륭한 종류의 비망록이었다. 기록이라는 'record'라는 말 자체에도 이런 관계가 분명히 나타난다. 레코드는 라틴어로 '마음'이라는 의미의 명사 'cor'와 '전하다'라는 동사 'dare'의 결합에서 비롯된 것으로서, 무언가를 기록[record: re-cor-dare]한다는 것은 시간이 지난 후에 마음이나 기억으로 불러낼 수 있는 방법을 모색함을 의미하는 것이다. 이점들이 매우 많았으므로 문자를 사용하는 쓰기는 정보의 저장·전달·활용에 보다 효과적인 수단으로서 말하기를 압도하였고 궁극적으로는 그것을 대체하였다.3)

쓰기의 지적 세계는 말하기의 그것과 다르다. 쓰기가 시작된 후 지식은 그것을 아는 사람과 별도의 존재가 되면서 주관성보다는 객관성이 나타난다. 인간은 상당히 많은 양의 정보를 수집해서 저장할 수 있다. 한 권의 책으로도 인간 한 사람이 최대로 기억할 수 있는 양보다 더 많이 사실이나 그 사실을 일정한 방식으로 설명하는 표현을 담은 데이터가 담길 수 있다. 구술시대의 지식은 보수적이며 발달이 느린 경향을 보이는데, 만약 변하지 않는 고정된 방식으로 사물을 기억하지 않는다면 구술시대의 정보는 결정적으로 중대한 세부사항이 잊혀지게 될 것이 분명했다. 이에 비해 쓰인 정보는 보다 역동적이며 상당한 분석과 노력의 산물이다. 그 신기한 힘은 기술에 의해 발휘되는 것이기도 하다. 마치 건망증으로 인해 기억을 잃듯이 기록물이 물리적으로 낡아져 없어지면 거기 기록된 정보도 잃어버리게 되는데 그런 위험에 대처하는 효과적인 수단이 개발됨으로써 쓰여진 기록으로부터 계속해서 이득을 얻을 수 있게 되었다. 우선은 써서 기록하고 유지됨으로써 정보는 쉽게 파손되거나 소멸되지 않고 더 내구적이며 쓰임새 있게 된다. 이는 "말은 무상하게 지나가며, 쓰여진 글은 남는다(verba volent, littera scripta manet)"라는 로마의 시인 호라티우스(BC 65-8)의 격언에 간결하게 표명되어 있다. 쓰인 기록이 다양하고 효과적으로 쓸모가 있게 되는 이유는 분명 그것들이 남겨지기 때문이다.

정보를 서술하고 전달하는 매개로서 쓰기가 가진 이점은 문자가 성공할 수밖에 없었던 이유였다. 그렇지만 문화가 변동하는 중요 요인은 문자 해독 여부에서만 비롯되

---

3) Ong, *Orality and Literacy*, 11-12; Havelock, *Literate Revolution in Greece*, 87.

는 것은 아니다. 그보다는
해당 사회의 모든 주요 활
동이 쓰기와 쓰여진 기록에
의존하게 되는 시점을 한
사회가 역사적으로 문자사
용 단계로 이행한 분기점이
라고 판단하는 것이 타당하
다. 예를 들어 로마제국은
실제로 어떤 기준을 적용해
도 전반적 문자 해독 수준
이 미미하였다. 그렇지만 로
마제국에 쓰기에 의한 통신
이 없었다면 광대한 제국의
통치는 불가능했을 것이다.
또 다른 예는 12세기 에드
워드 1세 치세(1272~1307)

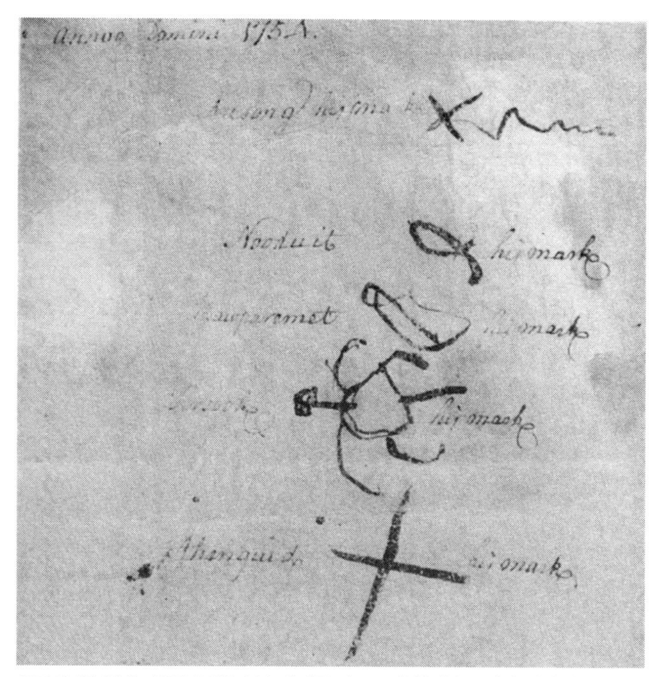

쓰기의 두 형태: 1754년 7월 6일 메인주 카스코만 플라우스에서 맺어진 영국 식민개척자와 페놉스코트(Penobscot)족 인디언 사이의 협정문서에 나타난 각각의 상형문자와 알파벳 문자 서명 (Archives, Commonwealth of Massachusetts)

의 영국에서 찾을 수 있다. 당시 어떤 귀족은 일정한 면적의 토지 소유권을 주장할 목적으로 노르만 정복기에 조상이 썼던 녹슨 칼을 휘두르면서 "이것이 나를 보증하노라!"라고 선언했다. 그렇지만 후대 들어 그렇게 숭상해 온 유물과 구전의 결합은 법적증거로 받아들여지지 않았고, 그 대신 쓰여진 증서만이 토지소유를 증빙하는데 유효한것으로 인정되었다.[4] 그러한 변화는 실제적인 만큼이나 심리적인 것이기도 했다. 읽거나 쓸 줄 모르는 사람들조차 쓰여진 기록을 사실상 유일한 증거로 받아들였던 것이다. 이후로는 신뢰성이나 적법성을 입증하기 위해서 기억보다는 문서에 의존하게 되었고 그만큼 사회적으로 기록이 더 중요하게 되었다.

쓴 기록의 생산이나 활용의 효과는 서로 다른 문화나 시대에도 불구하고 언제나 같았다. 기록된 정보의 총량은 문자의 사용이 진전되면서 꾸준히 늘어났다. 문자 해독율이 확대되는 것은 한편으로 공식적으로나 순전히 개인적 이유로나 기록을 만들고자

---

4) M.T. Clanchy, *From Memory to Written Record : England, 1066-1307*(Cambridge, Massachusetts: Harvard University Press, 1979) 21-22, 203-204, 220. 로마제국시대 쓰기의 중요성에 대해서는 William V. Harris, *Ancient Literacy*(Cambridge, Massachusetts: Harvard University Press, 1989), 232쪽을 보라.

노르만 정복이 표현되어 있는 바유(bayeux) 태피스트리 (British Crown Copyright, the Controller of Her Majesty's Stationary Office 사용허가)

하는 사람이 지속적으로 늘어났음을 나타내는 것이었다. 농부들은 날씨, 곡물생산량, 가축 등이 변동된 정보를 유지할 수 있었고, 장인은 상품이나 판매상황을 확인할 수 있게 되었다. 또 서로 사랑하는 연인은 반복해서 계속 읽을 수 있는 수단에 의해 서로 애틋한 마음의 표현을 나눌 수 있었다. 이 밖에도 개개인은 남에게 보여주기 위한 것이 아니더라도 단지 자신을 위해 일기를 간직할 수 있게 되었다. 보다 넓은 범위인 관료제 차원에서 보면, 체제를 이룬 관계기관 간의 연락과 의사소통을 위해 기록이 생산·활용되었는데 그럼으로써 제도가 발전할 수 있었다. 종류에 상관 없이 일상적으로 일정한 사무가 이루어지는 곳에서는 많은 양의 기록이 공식적으로 생산·유지·유통되게 마련이다. 일단 이렇게 만들어지기 시작한 기록은 항상 많은 분량으로 복잡하게 생산된다. 최근 정부에서는 정기적인 문서업무 감축법안을 통과시킨 바 있는데, 이 법은 역설적으로 실제 목적인 문서업무를 줄이는 것 말고는 모든 것을 하려고 하는 듯하여 별 실효성은 없어 보인다.

문서 생산이 늘어나는 가운데 발생하는 모순은 생산된 문서량이 증가할수록 문서의 질은 일반적으로 떨어진다는 점이다. 즉 기록의 총량은 증가한 반면 각각의 개별 건이 지닌 중요성은 그에 반비례하여 떨어지는 경향이 나타난다는 것이다. 쓰여진 자료가 희귀하고 정보를 기록하는 행위가 별로 없었을 때에는 기록에 관해서든 그 유지에 관해서든 거기에 들이는 노력과 비용을 정당화하는 것이 우선적으로 매우 중요했다. 그렇지만 많은 양의 수발신서류·보고서·비망록·회계문서철이 만들어지는 복잡한 관료체제에서 기록은 컨텍스트로서 또 집적된 총량으로 그 의미가 나타난다. 인간 내면의 동기나 신념을 밀도있게 담은 개인 편지는 점차 보기 힘들어지는 가운데 중요 정보가 여기저기 흩어져 있는 많은 양의 기록 집합체가 그러한 개인적 차원의 기록을 대신한다. 만약 의미가 있다면 그것은 어느 한 부분이라기보다는 전체로서 담긴 것이라고 할 수 있다. 따라서 기록된 정보 전체와 그것이 만들어진 과정이 핵심적으로 중요한 단일 문서보다 중요해졌다.

사회의 기록정보를 돌볼 아키비스트의 책임은 구술 시대에는 없었던 것이며 또 있었더라도 매우 달랐을 것이다. 이같은 아키비스트의 책무를 잘 이해하려면 몇 가지 기본사항에 관한 이해

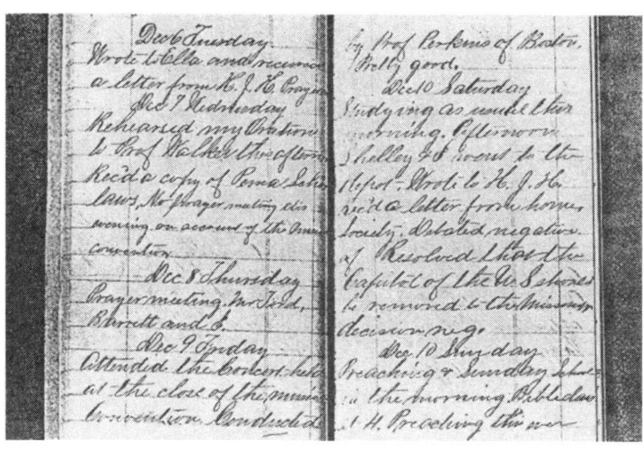

19세기 학생일기 (David Scott, Husky Photos, Bloomsburg University Archives 제공)

가 필요하다. 정보를 기록하는 이유 또는 기한을 정해 놓지 않으면서까지 가능한 한 오랫동안 보존하려는 이유, 기록을 생산하는 기술, 그리고 기록정보의 특성 및 활용 등 아래에서 서술한 것이 바로 그것이다.

## 1.3 정보를 기록하는 이유

인간은 어떤 동기로 기록을 만드는가? 기록되고 보존되어야 할 만큼 중요한 정보는 어떤 종류인가? 그 과정에서 어떤 기록이 만들어지는가? 다양하고 명백한 몇 가지 범주의 동기가 분명 존재한다.

우선 기록생산의 가장 친숙한 이유는 **사적인** 것이다. 개인기록은 사사로운 개인이나 가족에 속한 특정인과 관련되어 있다. 거기에는 탄생 · 결혼 · 죽음 등과 같은 삶에서의 중요 사건들이 담겨 있을 것이며 그 형태도 가족용 성경책에 적어 놓은 리스트이나 결혼식 비디오테이프, 구두상자에 가득한 가족의 휴가사진 등 다양하다. 이와 유사하게 스크랩북이나 평범한 책 모두 사적인 것으로서 개인의 특별한 관심이나 기질이 반영되어 있다. 개인사를 서술하는 일은 일기처럼 생활과 동시에 기록되든 회고록과 자서전처럼 나중에 쓰여지든 상관 없이 모두 사적인 형식으로 이루어지는 직접적 커뮤니케이션이다. 비록 전부는 아니겠지만 대체로 기록의 주인공과 직접 관계 없는 제삼자가 손쉽게 기록을 공유할 수 있도록 하는 것은 개인적인 기록에서는 부차적인 목적에 불과하다. 사람들이 기록을 만들어 내는 것은 우선 개인적인 기억과 그것이 주는 감정

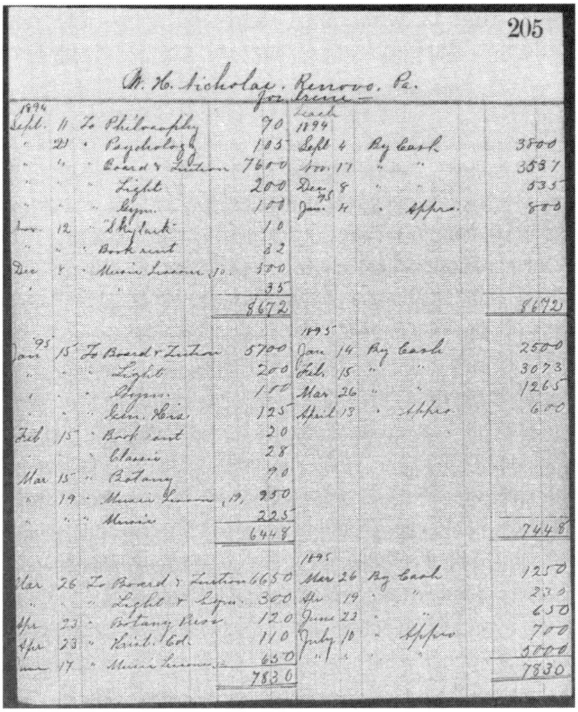

일정한 형식으로 간결하게 재정정보를 기재한 회계장부(David Scott, Husky Photos, Bloomsburg University Archives 제공)

의 의미를 풍부하게 하기 위해서이다.

기록에는 **사회적** 특성을 지니는 것도 있다. 이런 기록에서의 개인은 홀로 있는 것이 아니라 집단 속에서 활동하는 존재이다. 사회조직은 직원명부·회의록·정책기록과 그밖에 사회적인 활동 그 자체나 그러한 활동에 개인이 개별적으로 또는 집단적으로 참여한 내용을 담은 기록을 생산한다. 종교를 갖게 되면 정식 신자가 되었다는 증거나 성사·성례에 관한 기록이 만들어진다. 정치활동에 관한 기록에는 특정한 정치후보나 주의를 지지하는 정치 활동과 관련된 투표·기부·연설·캠페인 등을 담은 기록정보가 더해진다.

세 번째는 **경제적** 동기에서 비롯된 기록이다. 개인이나 집단이나 돈을 벌고 관리하고 쓰는 과정에서 경제적 상황을 나타내는 많은 양의 유용한 기록이 만들어진다. 이런 기록은 우선 신용관리나 자금회계 그리고 채용, 해고, 임금지불, 근무 평가 등 고용인 및 피고용인 모두에게 중요하다. 사람들이 경제활동에 상당한 중요성을 부여하는 만큼 경제관련 기록은 활용과정에서 상당한 중복 기록이 만들어진다. 예를 들어 은행은 고객 계좌의 차감 잔액에 관한 기록을 생산하고 유지하지만 그 고객 또한 그렇게 함으로써 같은 내용의 기록이 만들어진다. 이러한 사본을 이용하여 보다 폭넓은 상호점검이 가능하게 되고 정확도가 높아진다.

**법적** 영역에서도 많은 양의 기록정보가 다루어진다. 국가는 선의든 악의든 관계 없이 체계적인 정보의 기록자이다. 기록은 헌법에 보장된 시민의 권리를 보호하는데 필요하기도 하지만, 전체주의 독재국가의 비밀경찰의 파일처럼 반대로 시민을 해치는데 사용될 수도 있다. 재산권, 다양한 종류의 계약, 시민으로서의 책임 이행 등과 같은 보다 넓은 영역에서도 당장에 그리고 오랫동안 중요하게 사용될 수 있는 쓰여진 기록정보가 만들어진다. 부동산증서, 의무나 봉사에 관한 이행 각서, 국민 또는 시민임을 입증하는 서류, 선거유권자명부, 배심원명부, 병역기록 같은 공공서비스 부문의 기록은 법체제라는 특정한 배경에서 비롯된 사회적 관계를 담은 도큐멘테이션이다. 마찬가지로 민사·형사·재산권 등 범주에 상관 없이 재판과정에서 생산되거나 모아진 기록은 법적 문제를 다루는 기록정보의 중요 부분을 차지한다.

어떤 기록정보는 순전히 기능적이고 **도구적**인 성격을

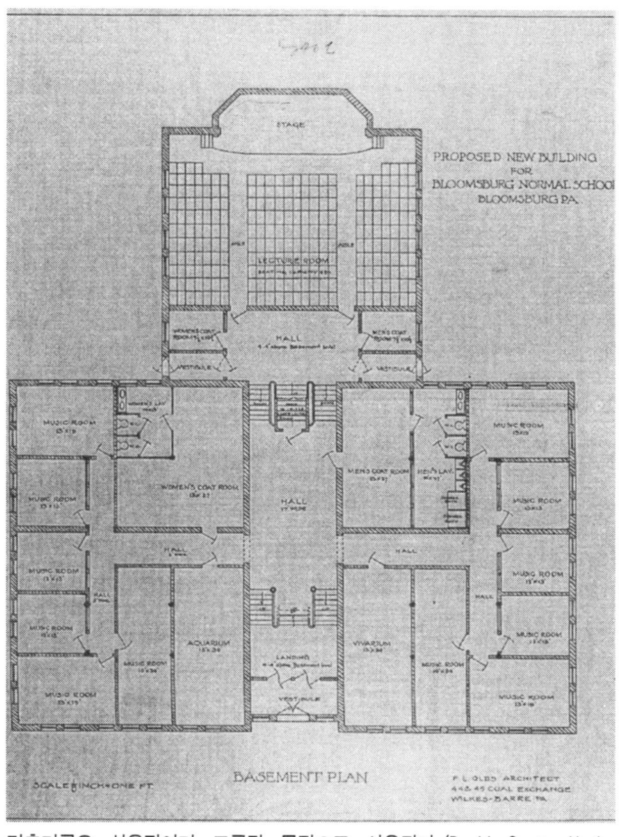


건축기록은 실용적이며 도구적 목적으로 사용된다. (David Scott, Husky Photos, Bloomsburg University Archives 제공)

지닌 것으로 특화된다. 모든 기록이 일정한 기능을 갖게 마련이지만, 특정 방식으로 사용되거나 단지 존재 그 자체가 특정 목적에 부응하는 경우가 많다. 예를 들어 건축도면과 청사진은 미적으로 외관을 표현하면서도 무너지지 않아야 한다는 분명한 필요를 충족하는 건물을 짓기 위해 실용적이며 도구적인 의도로 만들어진다. 이러한 기록이 이후 노후건축물 재건축이나 시기별 건축양식 연구 그리고 도면 그 자체의 예술성 연구 등 또다른 목적으로 사용된다고 하더라도 원래 도면이 생산된 목적은 도구적인 것이다. 다른 용도의 이용은 이렇게 생산된 기록이 본래 도구적인 목적 그 이외의 다른 일을 하는데 도움이 되는 것일 뿐이다. 도면과 항해·항공기록은 안전하며 효율적으로 한 곳에서 다른 곳으로 이동해야 하는 여행 그리고 기존에 발견한 루트를 표시하는 실용적인 목적에 기여한다. 과학적이며 실용적인 데이터는 또다른 실험, 판단과 예측을 이끌어 내는 분석을 가능하게 한다. 자물쇠의 비밀번호처럼 흔히 볼 수 있는 기록도

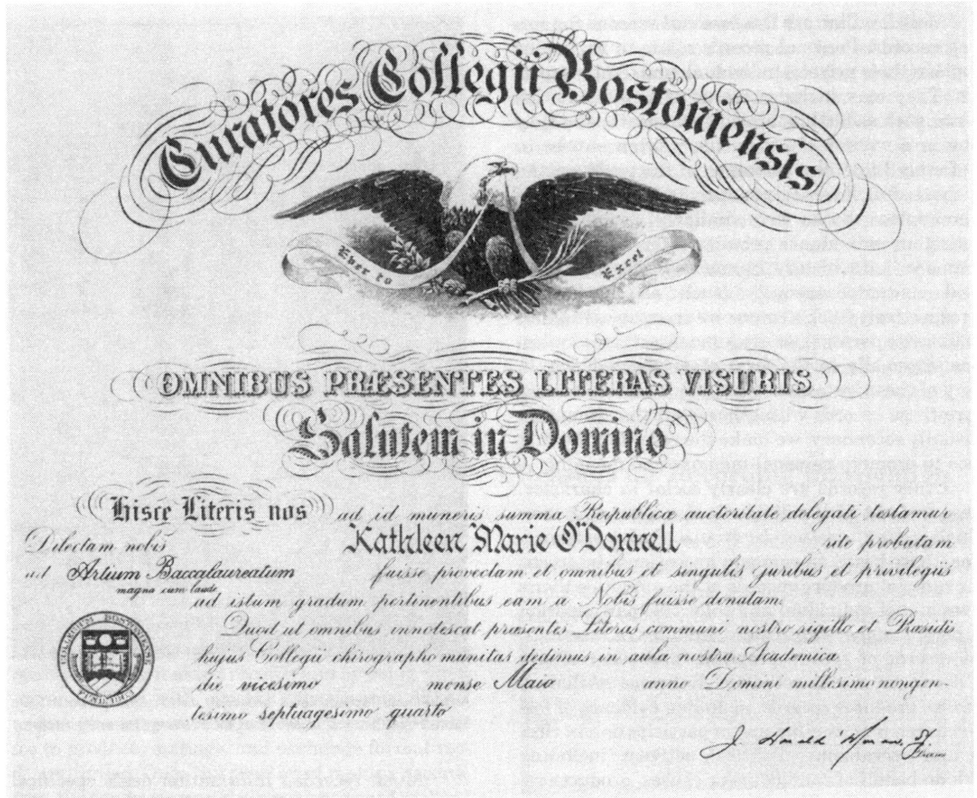

학위증서(diploma)는 대체로 상징적 중요성을 지닌 기록이다. (Kothleen M. O'Donnell 제공)

자물쇠를 열고자 하는 한 계속 활용해야 하는 특성을 가진다.

마지막으로 거의 실용적이지 않으면서도 **상징적** 목적이 의도된 기록도 있다. 출생·사망·혼인에 관해서는 좀더 신뢰를 줄 수 있는 행정기관이나 종교기관에서 기록하지만, 예를 들어 가정용 성경에 적어 놓은 것도 일정하게는 실용적 유용성을 가질 수 있다. 실제로 가정용 성경책이나 족보에 이름과 날짜를 적어두는 일이 중요한 것은 물리적·시기적·지리적 간격에도 불구하고 세대를 넘어 가족이나 가문을 상징적으로 재현하기 위한 방법이라는데 있다. 성탄절 사진도 같은 맥락에 있다. 졸업과 함께 받은 학위증명서는 바라던 목적에 도달했음을 미적인 표현을 통해 상징한다. 대단한 상이더라도 대부분의 모든 수상기록 그 자체는 실제적인 실용 기능은 없다. 고용인은 사람을 채용할 때 상장이나 증명서를 보자고 거의 요구하지 않는다. 그리고 그런 기록은 흔히 라틴어 같은 실제로 사용하지 않는 외국 언어로 쓰여졌기 때문에 그걸 받은 사람을 포함하여 그 기록을 특정한 목적에 사용하려는 사람 모두 실용적 차원에서는 바라는 바를 이루기 어렵다. 그렇지만 그 기록은 여전히 무언가를 표상하고 있으며 어떤 일에 관한 기억을 간직하거나 불러내는데 있어 여전히 중요하고도 효과적인 수단이다. 단지 기록 자체가 도구적 목적보다는 상징적인 역할을 할 따름이다.

　이상 기록의 성격을 나타내는 사적 · 사회적 · 경제적 · 법적 · 도구적 · 상징적 특성 등 여섯 개 범주 모두는 각각 기록을 만드는 동기에 우선적인 강조점을 둔 것이다. 각 범주는 단기적이든 장기적이든 기록을 만들어 사용하는 목적을 나타낸다. 누가 기록하였는가 하는 것은 모든 경우에서 주목해야 할 사항이며 사례별로 다양하게 치환하여 이해할 수 있다. 개인이 기록자라면 자신이나 다른 사람과의 관계에 관해 쓴 일기나 편지 같은 기록이 만들어질 것이다. 반면 기록자가 정부조직이나 단체 같은 집합적 실체라면 위원회 회의록이나 조직내부 통신문 등 집단의 특정한 상황과 업무관련 정보가 만들어지거나 교회 신자기록이나 회사 인사기록 같이 전체에 속한 개인관련 정보가 기록으로 남을 것이다. 기록하는 목적이 중첩될 수도 있다. 즉, 경제관련 기록은 동시에 법적 규명이 또 하나의 명백한 목적이 되는 경우가 있으며, 개인기록 중 어떤 것은 상징적 의미가 더불어 매우 높은 비중을 차지할 수도 있다. 대부분의 사례에서 알 수 있는 것은 인간 행동의 동기가 복잡한 만큼 기록 또한 그렇다는 사실이다.

## 1.4 보존에 대한 충동

　정보는 언제나 일정한 목적을 가지고 기록되며 유용하게 사용하려는 의도가 그 전제이다. 따라서 기록이 만들어져 유지되는 한 거기에는 분명한 이점이 존재한다. 기록 생산시점에는 각각의 동기에 상응하여 생산기록을 일시적으로 보존해야 하는 이유가 존재한다고 할 수 있다. 그렇지만 원래 필요했던 용도가 사라진 후에 미리 정해 놓지 않은 오랜 기간동안 기록을 보존하고자 하는 충동이 나타나는 이유는 무엇인가?

아주 오래된 기록도 장기간의 활용을 위해 보존된다. (Sisters of Providence Archives, Seattle 제공)

이 보험증서에 새겨진 문양은 법적으로 유효한 기록을 보존하는 중요성을 단적으로 나타낸다.(Archives, Roman Catholic Archdiocese of Boston)

　항상 실용적인 이유로 기록이 만들어지는 것은 아니겠지만, 기록을 보존하는 일은 단연코 실용적 이유에서 비롯된다. 기록의 보존은 구체적인 시점이나 특정 용도를 정확하게 예견할 수는 없지만 기록 생산자나 관리자가 미래에 유용하게 사용할 수 있다고 판단했기 때문에 실행된다. 오늘날 기록된 정보는 언젠가 다시 필요할 것이며 시간이 지나서도 그러한 이용의 유효성이나 효력이 줄어들지 않을 수 있다. 특히 법적·경제적·도구적 목적에서 생산된 기록은 실용적인 가치를 지닌 정보로서 계속해서 이용될 것이므로 당연히 세심하게 보호된다.

　한 필지의 토지소유권을 증명하는 것은 원 소유주나 그 소유권을 승계한 사람에게 모두 필요하다. 경우에 따라서는 소유권 자체보다도 어디까지가 누구의 소유이며 어디에서 다른 사람의 소유가 시작되는지 경계가 명시된 것이 더 중요할 수도 있다. 두 경우 모두 그러한 정보를 기록된 형식으로 남겨 놓은 것이 권리를 보다 객관적으로 입증할 수 있는 수단일 될 것이다. 기록은 어떤 입장에서의 기억이나 이해 범위 밖에서 쓰여지며 의식적이든 무의식적이든 기억에 영향을 미칠 수 있는 논쟁이 벌어지기 전에 만들어지므로 대체로 모든 고려와 판단이 기록된 정보에 기초할 수 있다. 또 어떤 기록에는 계약에 의한 특정한 의무의 이행 기간이나 조건이 명시되어 있어 그것을 보존함으로써 언제, 어떤 의무사항이 충족되어야 하는지 판단할 수 있는 근거가 제시될 수 있다. 기록보존의 실용적 이유가 근거한 법적·경제적 구조는 공동체마다 다르게 마련이므로 보존된 기록의 유용성도 그만큼 장소에 따라 또 시간 경과에 따라 다르게 나타

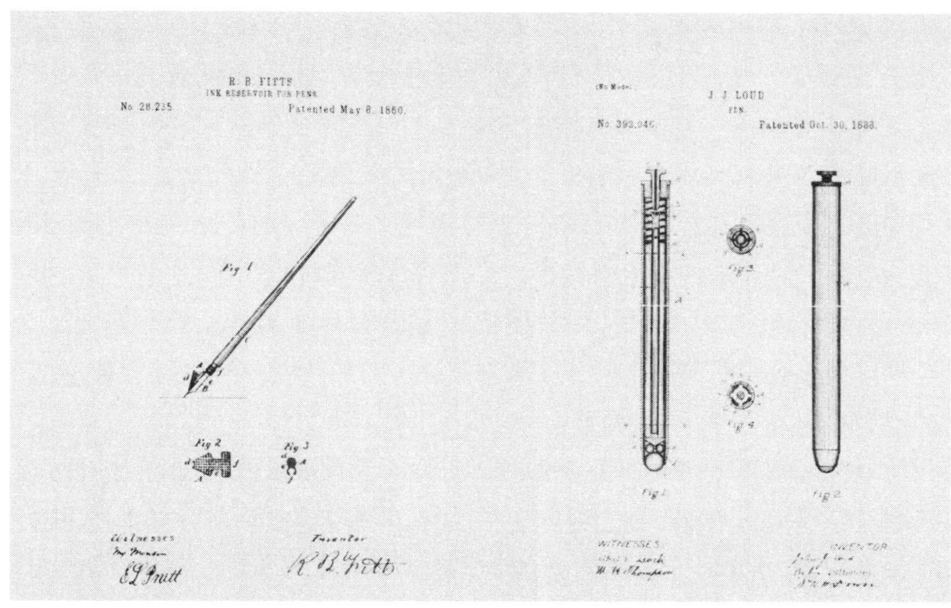

일정량의 잉크를 담아둘 수 있는 펜(왼쪽) 초기의 볼펜 특허도면 (오른쪽) (U.S. Patent Office)

날 것이다. 기록을 장기간 보존하는 데에는 이러한 경제적·법적 요건을 이해하는 것이 결정적으로 중요하다.

생산 시점의 기록 활용 정도를 예측하는 것은 가능하지만 장기간 보존할 필요성을 뒷받침할 미래의 활용도를 예상하기는 대체로 어렵다. 정보가 기록될 때 항상 미래의 쓸모가 함께 예견될 수는 없기 때문에 그 보존은 만약에 대비한 저장이라고도 할 수 있다. 오늘 기록한 재정관계 자료가 향후 회계연도 종료시 결산에 필요할 것이라는 점은 별 무리없이 쉽게 생각할 수 있다. 그런데 이 자료를 이듬 해의 감사에 참고자료로 쓸 수도 있고 정부 세무조사 등에 대비해 앞으로 5, 6년은 더 가지고 있어야 되는 상황이 발생할 수도 있다. 또한 일정기간 동안의 수입지출을 알기 쉬운 도표로 만드는데 유용하게 쓰일 수도 있다. 이상의 구체적인 수요는 미리 드러나는 것이 거의 없지만 결국에는 현실화되게 마련이며 기록보존은 그같은 가능성에 대비하는 것이다. 미래의 기록 사용을 예측할 수 없으면서도 필요할 때 쓸 수 있도록 기록을 보호하는 조치가 필요한 것이다.

한편으로 기록을 보존하는 데에는 사적·사회적·상징적 이유 등 비실용적 측면도 있다. 기록이 개별적 또는 집단적 기억을 표현하는 하나의 형식이라는 점이 기록을 보존하는 이유가 되기도 한다. 무엇을, 왜, 어떻게 했으며 그렇게 한 동기와 의도는 무엇인가? 이러한 물음에 어떤 것은 기억나고 나머지는 잊어버려 답할 수 없을 수도 있다.

이럴 때 편지나 일기, 사진 등이 좀더 세밀한 정보를 줄 수 있으므로 사람들은 예전에는 알고 있었지만 그 후 줄곧 잊어버리고 있었던 것을 좀더 자세하게 충분히 기억해 내기 위해 기록을 유지하고 보호한다. 사람들은 과거의 즐거운 기억은 계속 남아있기를 원하며, 비록 유쾌하지는 않았지만 객관적으로 교훈이 될 경험들은 매 번 일깨워 다짐하려 하는데 그런 일에 도움을 받기 위해 기록을 유지하는 것이다. 개인적으로 연애편지를 간직하는 일은 행복한 기억을 다시 불러내기 위한 것이다. 또 세일럼(Salem)의 기록5)은 잊고 싶지만 사회적으로는 결코 그렇게 해서는 안될 과거를 상기시켜 준다.6) 유물·유적과 같은 물리적 대상처럼 기록 역시 지적인 의미를 지닌 사물로서 높게 평가할 수 있다. 사람들은 인물·사건·감정이라는 과거의 실재를 기억하고자 하는 바램에서 기록을 보존한다. 사람들이 대학시절 주고 받은 편지를 다시 꺼내 읽거나 부모가 자랑스레 간직해 놓은 어린 시절의 그림들을 다시 보기 위해 간직하는 것이 그 예이다. 언제 이러한 감정들이 나타날지 예측하는 것은 어렵지만 사적으로나 사회적으로 과거 기억을 되살리기 위해 인간이 기록을 보존하는 일은 일반화되어 있다.

## 1.5 기록 생산 기술

생산하고 보존하는데 다양한 목적을 가진 기록의 특성은 만드는 방법에 의해 영향을 받는다. 인간이 정보를 기록하는 데는 외적인 수단, 인류학적으로 이른바 '도구'에 의존할 수밖에 없다. 궁극적으로 기록은 기록에 사용되는 도구와 재료를 만들어 내는데 필요한 기술에 좌우된다. 기록을 만드는 수단은 그 유형도 제한되어 있었던 데다가 수세기 동안 정체되어 있었는데 불과 몇 백년 만에 급속하게 확대되었다.

---

5) 미국 동부 보스턴의 북동쪽 세일럼만에 접해 있는 도시로 1626년경 취락이 형성되었다. 세일럼 기록이란 1692년 세일럼에서 벌어진 마녀사냥에 관한 기록을 말한다. 사건은 세일럼의 젊은 여성들이 땅에 엎드려 괴상한 행동을 한 것이 발단이었다. 인근 목사들은 이를 마녀의 소행으로 단정하였고, 총독이 임명한 위원회가 수백 명을 체포, 결국 그 중 19명이 유죄판결을 받아 교수형에 처해졌다. 〔역주〕

6) Kenneth Foote, "To Remember and Forget: Artifact and Memory in Communication and Culture" (Paper delivered at the annual meeting of the Society of American Archivists, Austin Texas, October 1985) ; David Lowenthal, *The Past is a Foreign Country*(Cambridge: Cambridge University press, 1985) 중 chapter 5.

## 1.5.1 종 이

고대사회에서는 용케도 점토판, 파피루스 그리고 양이나 소 같은 동물가죽처럼 쓰기 번거롭고 값도 비싼 매체들이 정보를 기록하는데 사용되었다. 그러다가 AD 2세기경 중국에서 질이 좋으면서도 다목적으로 쓸 수 있는 표면을 갖춘 종이가 발명되었다. 14세기 이슬람문명과 함께 유럽에 전해진 제지술은 이후 5세기 동안 근본적으로는 변함없이 그대로 이어졌다. 무명이나 린넨에서 뽑은 제지용 넝마조각의 섬유질을 갈기갈기 조각내어 물에 담가 띄운 다음 시트를 만들어 짜는데, 이를 말려서 부드럽게 하면 가벼우면서도 유연한 종이가 만들어졌다. 종이는 원래 손으로 만들었지만 프랑스대혁명을 계기로 수요가 늘어남에 따라 기계가 도입되었다. 늘어난 생산만큼 넝마의 공급이 못 미쳤고, 19세기에는 새로운 원료를 사용한 공장제 생산과 함께 목재펄프가 제지 원료로서 빠르게 넝마를 대체하여 정착되었다. 한편 종이를 다루는 화학적 방법도 발전했다. 이러한 진보에 따라 종이생산량이 늘고 사용 가능한 종이의 양이 늘어나면서 그 유용성도 더욱 높아졌으며 생산비용도 떨어졌다. 반면에 종이가 대량생산되면서 그 질은 예전에 비해 떨어졌다. 종이가 많이 만들어졌다는 것은 보다 많은 정보가 기록될 수 있음을 의미하는 것이기도 했지만 다른 한편으로 물리적 성분의 질이 떨어진 것은 입으로 정보를 전하는 구술에 비해 쓰기가 가진 이점이 결국은 무의미해질 수 있다는 반대 전망도 초래되었다. 편지가 쓰여진 종이가 없어지면 그 편지내용 역시 더 이상 남아 있는 것이 아니다. 종이질의 심각한 저하라는 단점은 종이를 손쉽게 얻을 수 있게 된 기술상의 진보가 가져다 준 이점을 상쇄했다.[7]

## 1.5.2 쓰기 재료와 도구

전통적으로 정보는 종이에 잉크와 도구를 사용해 손으로 기록되었다. 잉크는 액체에 풀어져 있는 미립자로 이루어진 것으로 다양한 유형의 쓰기를 위해 고안

The Underwood Typewriter, Model No. 5, as it appears after writing the last word of a business communication.

지난 세기 말의 타자기 (Hagley Museum and Library)

---

7) 이에 대해 보다 자세히 알려면 Dard Hunter, *Papermaking*(New York: Dover, 1978)을 보라.

된 것이었다. 끝을 날카롭게 한 조류 깃털의 대는 초기 붓이나 튜브(管)에 비해 다루기가 쉬웠기 때문에 16세기부터 1830년 경 개량된 철제 펜이 나올 때까지 가장 보편적인 필기구로 사용되었다. 그 후 잉크를 담는 용기가 내장되어 있어 잉크를 자주 공급할 필요가 없어진 만년필이나, 고르게 잉크를 대는 금속 롤러를 붙인 볼펜, 그리고 값싼 통기성 화학합성물로 만든 연한 촉으로 잉크가 스미도록 한 끝이 부드러운 펜처럼 보다 저렴하고 실용적인 다수의 대안품이 개발되었다. 흑연분말을 진흙과 섞어 만든 연필 역시 필기도구로 널리 사용되었다.[8]

### 1.5.3 인 쇄

15세기 중반 전형이 완성된 활자인쇄가 정보전달 수단으로 보급되면서 획기적인 발전이 나타났다. 단 한 쪽에서부터 수천 쪽에 이르는 기록이 생산되고, 복사되고, 세상에 배포되었다. 성경이나 그밖에 신성시된 문학작품 같은 대중적인 글과 법전, 권리선언 등 중요 문서들이 인쇄술로 인해 실제 사용되는 기록이 되었다. 기록정보는 흔히 활동의 부산물을 넘어 그 이상으로 많은 것을 포함하여 확대될 수 있었다. 교육이나 정신수양, 오락을 위한 소설·시·수필 같이 의도된 저작물이 별 무리 없이 점차 광범위하게 생산되었다. 이러한 자료들이 널리 보급되어 활용 가능해지면서 당연히 문자해독의 영향력이 더욱 강화되었다. 즉 글을 읽고 쓸 줄 알게 된 사람들은 보다 많은 책이나 인쇄물을 요구하게 되었고, 그와 동시에 늘어난 인쇄자료 그 자체가 보다 많은 사람들에게 문자를 해독하도록 자극하였다.[9]

### 1.5.4 기계를 이용한 기록생산

인쇄로 인해 많은 양의 텍스트가 생산되었는데, 개인적인 기록생산에도 기계적 수단을 사용하여 명료하게 읽히는 다수의 사본 생산이 모색되었다. 오랜 기간 동안 진행된 그런 시도는 19세기 말 타자기의 전형이 될만한 것이 개발되면서 일정한 성과를 거두었다. 초기 타자기는 느리고 불편했지만, 빠르고 균일하게 칠 수 있는 1870대 판은 한 조의 문자를 블럭 아래 위에 새긴 것하며 그것을 쏘아 올리는 방식의 자판키, 잉크리

---

8) Maygene Daniels, "The Ingenious Pen: American Writing Implements from the 18th Century to the 20th," *American Archivist* 43(1980): 312-324.

9) 인쇄의 역사적 영향에 관해 검토하려면, Elizabeth L. Eisenstein, *The Printing press as an Agent of Social Change* (Cambridge: Cambridge University Press, 1979)를 보라.

1910년까지 사용되었던 파일들(Hagley Museum and Library)

본과 그것을 감은 롤러, 종이가 고르게 나가도록 한 것 등 현대의 타자기가 지닌 모든 특성을 갖춘 개인용 타자기로 완성되었다. 후에 개발되는 전동식이나 휴대용은 이런 기본 원형을 기초해 개선된 것으로 이로써 기록을 만드는 수단으로서의 타자기가 지닌 유용성은 더욱 넓게 확대되었다. 특히 타자기는 기관이나 관료조직에서 기록을 생산하는 일상적인 수단이 되었고, 그것을 통해 많은 양의 다양한 종류의 기록이 손쉽게 기하급수적으로 늘어났다. 결국 기록 생산의 기술적 동인이 두드러지게 되었다. 많은 양의 기록을 손쉽게 생산할 수 있게 되었고 또 실제로 엄청나게 많은 기록이 생산되었다.10)

---

10) 타이프에 관해서는 Michael H. Adler, *The Writing Machine* (London: Allen and Unwyn, 1973)과 Daniels, "Ingenious Pen," 320-322쪽을 보라.

배를 타고 사진을 찍는 코닥 사진기 발명가 조지 이스트맨(George Eastman)

## 1.5.5 복사기계

타자기가 원본과 똑같은 사본을 깔끔하게 만들 수 있는 성능을 갖춤으로써 사본에 대한 수요도 생겨났다. 원본에 먹지를 겹치면 동시에 원본과 같은 한 장 이상의 사본을 만들어 낼 수 있었다. 비록 그렇게 하려면 사본을 만들지 미리 결정해야 했지만 이는 필사나 18세기의 못 말리는 사색가인 토마스 제퍼슨(Thomas Jefferson)이 개발한 복사기계와 비교할 때 분명 진전된 것이었다. 19세기 대부분은 원문서의 잉크를 물과 압력을 이용해 얇은 사본용 종이에 번지게 하는 메시프레스(messy press) 복사가 널리 사용되었다. 세기가 바뀌어 20세기가 되면서 기계는 많은 사본들을 쏟아냈다. 그렇지만 여전히 그 사본은 원본과 동시에 만들어져야 했고 배포를 위해서든 단순히 휴대하기 위해서든 원본을 만든 다음에는 다시 사본을 만들 수가 없었다. 사진으로 처리하는 것이 어느 정도 도움이 되기는 했지만 전기와 반사광을 사용한 제로그래피(xerography: 문자 그대로 '건식 쓰기')가 발명되는 1950년대까지 진정한 의미의 진보는 없었다고 보는 것이 옳다. 지금은 이러한 복사기로 누구라도 원할 때 사본을 만들 수 있다. 복사기는 도입 이래 광범위하게 이용되면서 지속적으로 크기와 가격이 하락하였고 마침내는 복사할 면을 가로지르면 사본이 만들어지는 휴대용 복사기가 나오기에 이르렀다. 1980년대의 복사기계는 모사전송 즉, '팩스(telefaximile의 줄임말)'를 위해 전화선과 연결되었는데 이로써 복사물을 멀리 떨어진 곳까지 수초만에 전달할 수 있게 되었다. 이러한 모든 발전은 단지 현상적으로 생산기록의 분량이 늘어났다는 의미만 있는 것이 아니었으며 기록 그 자체의 성격에도 중대한 영향을 미쳤다. 수천 장의 사본이 존재하는 세상에서 유사해 보이는 것들 중 어떤 것이 원본인지 모호해졌지만 의문점은 그러한 것이 문제가 되기나 하는가 하는 점이다.[11]

### 1.5.6 파일링시스템

종이기록이 양적으로 증가되면서 그렇게 늘어난 기록들의 상호연계성을 유지하기 위해서는 개선된 방식이 필요했다. 단지 책상 위에 가득 설치된 분류 칸막이에 의지해서 다른 사람이 이해할 수도 없고 그렇다고 설명해 줄 수도 없는 자신만 아는 체제로 문서를 파일링할 수도 있을 것이다. 그렇지만 너무나 많은 사람들이 엄청나게 많은 기록을 생산하고 파일링하는 업무환경에서 그러한 개인적인 시스템이 야기하는 문제는 심각하다. 근대 초기부터 각 나라 정부는 혼히 등록시스템에 의존하였는데 정도의 차이는 있으나 이는 정교한 번호체계나 문서색인 또는 주기 등의 방식을 이용해 개별 문서를 관리하는 체계였다. 19세기 후반에는 문서를 책처럼 보이는 박스나 작은 서랍에 느슨하게 저장하는 수평파일(flat file)을 도입한 독특한 정리방식이 실험되었다. 이는 특정 주제에 기반하여 또는 통신원으로부터 온 모든 서류를 함께 모아놓고 또 필요에 따라 재정리하는 것이 가능한 유연한 방식이었다. 그렇지만 1890년대에 요즘 사용되는 파일링 케비넷의 원형이라 할 수 있는 수직파일(vertical file)이 등장하면서 수평파일링은 사라지게 되었다. 수직파일링이 도입됨에 따라 문서보관에 이용 할 수 있는 평면적을 보다 효과적으로 사용할 수 있게 되었고, 분류의 범주가 변경되더라도 그때 그때 바뀐 내용에 따라 모든 문서를 같이 파일링할 수 있게 되었다.[12]

### 1.5.7 사진기록

19세기 중반 기록의 성격에 있어 커다란 변화가 종이 이외에 다른 정보 기록 매체 기술의 발전과 함께 나타났다. 이같은 기술의 발전에서 가장 두드러진 것은 글로 쓰여진 것이 아닌 인물이나 사물, 사건에 관한 직접적이고 명료한 이미지를 구현하는 사진 분야였다. 한 사건에 관해 서술된 쓰여진 기록도 매우 유용하다. 다만 참여자들이 실제 어떻게 행동했고 무엇을 보았는지에 대한 보다 생생한 정보는 사진기록에 담기게 마련이다. 어떤 시간에 일어난 일을 기술함으로써 그 시간을 정지시키는 것이 쓰기라면 사진촬영은 인식대상에 들어온 개체가 어떻게 보이는지, 무엇을 하는지를 개입 없이 보여줌으로써 쓰기에 비해 순간을 좀더 잘 동결시킨다. 사진기록은 과거의 사람들을

---

11) 사본제작기술에 관한 약사에 관해서는 다음을 참조하라. Daniel J. Boorstin, *The Americans: The Democratic Experience*(New York: Random House, 1973), 397-402.

12) 19세기 파일링 시스템 역사에 대해서는 다음 책 2장을 참조하라. JoAnne Yates, *Control Through Communication: The Rise of System in American Management*(Baltimore: Johns Hopkins University Press, 1989)

직접적이면서도 구체적으로 보여준다는 점에서 강력한 호소력을 가지고 있다. 적어도 쓰여진 2차 기술에 비해 직접적이며 어떤 면에서는 보다 진실한 것으로 비춰진다. 더 나아가 20세기초에는 고정된 정지화면에서 더 나아가 움직이는 이미지를 포착해서 거기에 음성까지 더할 수 있게 됨으로써 기록을 통해서 감각적으로 한층 더 과거를 현실처럼 되살릴 수 있게 되었다. 한 장의 사진이나 그림이 사실상 수천 개의 단어가 할 수 있는 역할을 대신할 수 있다는 점에서 사진기록은 그만큼 정보를 포착하고, 설명하고, 표현할 수 있는 가능성을 크게 확장시킨 것으로 볼 수 있다.[13]

### 1.5.8 기록매체 변경

사진기술은 단지 새로운 방식으로 정보를 읽는 기회를 제공한 것만이 아니라, 한 매체의 기록된 정보를 다른 매체로 전환하거나 저장할 수 있는 가능성을 열어 준 것이기도 했다. 누군가의 인물사진을 만들 수 있듯이 마찬가지로 쓰여진 문서를 사진으로 찍을 수 있으며 그 사진이 원본을 대신하거나 추가된 것으로 관리될 수도 있다. 축소사진은 기술적으로 1870년대부터 발전해 왔으나, 광범위하게 사용된 것은 그로부터 약 50년이 지나 새로운 사양이 나온 뒤였다. 문서를 작게 찍어 필요하면 언제라도 확대해서 볼 수 있는 축소사진에 의해 매우 많은 양의 정보를 보다 좁은 공간에 저장할 수 있게 되었다.[14] 1980년대 개발이 완성된 광디스크(optical disk)도 같은 이점을 제공하였다. 그 결과 원본 매체는 더 이상 변경되지 말아야 하는 것은 아니었고, 만약 쓸모 있고 효과적인 관리에 필요하면 쉽게 물리적 형식이 바뀔 수 있었다. 그렇지만 이러한 편리함은 그만큼 다른 문제들도 야기시킨다. 변경된 매체에 담긴 정보는 형식이 바뀌는 동안 쉽게 알아차릴 수 없이 정보 그 자체도 변했을지 모른다. 그러한 변환 과정에서 완전성(integrity), 진본성(authenticity), 신뢰성(reliability)에 과연 어떤 일이 일어날 것인가? 또다른 문제는 기록을 충분히 이용하려면 기계나 그 외 고안물이 있어야 하는 경우 육안으로 기록을 읽을 수가 없다는 점이다. 이러한 고안물들은 낡아 노화되게 마련이었으므로 낡은 기술을 대신할 신기술에 대한 수요가 끊임없이 창출되었다. 그렇지만 이러한 어려움에도 불구하고 분명한 사실은 변경된 형식으로 정보를 기록하고 그

---

13) 사진의 역사에 관하여 참고할 만한 것은 Mary Lynn Ritzenthaler et al., *Archives and Manuscripts: Administration of photographic Collections*(Chicago: SAA, 1984)가 있다. 역사적 증거로서 사진의 이용에 관한 흥미로운 문제에 관해서는 Carl Fleischauer and W. Brannan, eds., *Documenting America, 1935-1943*(Berkeley: Unibersity of California Press, 1988)을 보라.

14) Frederic Luther, *Microfilm: A History*(Annapolis: National Microfilm Association, 1959).

러한 기록의 저장에 유용한 새로운 사양을 도입함에 따라 기록생산자나 관리자 모두 매우 커다란 융통성을 가지게 되었다는 것이다.

### 1.5.9 소리의 기록

사진 이미지의 다양한 방식으로 빛을 포착할 수 있게 한 19세기 기술발전은 소리를 잡아내는 소리기록 방식의 발명 또한 가능하게 했다. 축음기의 레코드판으로든 자기테이프로든 소리기록을 매체에 확실하게 보존할 수 있게 된 것은 매우 인상적인 진전이었다. 소리를 기록하는 것 자체가 정보를 기록한다는 말을 그대로 사용해 '레코딩(recording)'이라고 일컬어지기까지 한다. 사진은 역사적 인물과 형상의 시각적 이미지를 제시하지만, 청각녹음을 통해서는 그들이 어떤 소리를 냈는지 직접적인 증거가 제공될 수 있다. 기록생산의 역사는 소리 없이 단지 글로 되어 있는 조지 워싱턴의 연설문으로부터, 애이브람 링컨의 스틸사진으로, 다시 더 나아가 "우리가 두려워해야 할 것은 …"15)이라며 열변을 토하는 프랭클린 루즈벨트의 움직이는 모습에 녹음으로 추출한 그의 목소리 억양과 톤을 더한 시청각 동영상으로 진보하였다. 실제로 시청각기록을 이용하면 누가 어떻게 무엇을 말하는지를 주목할 수 있다. 이를 이용하면 어떤 회의에 관해서 회의상황이나 구성원의 활동을 글로 쓴 기록에 '실제로 일어난 일'의 진행과정을 그대로 보여줌으로써 좀더 완벽하고 복합적인 형태의 증거로 역사적 차원의 관심을 충족시켜 주는 기록이 덧붙여질 수 있다. 특정 사건현장에 있었던 사람들의 생각과 기억을 추적해서 보존하기 위해 의도적으로 사후에 소리기록이 만들어지기도 한다. 이른바 녹음된 '구술사(oral history)'는 그렇게 해놓지 않으면 존재하지 않을 수도 있는 기록을 사후에 계획적이며 목적의식적으로 만드는 것으로서 이것도 기록 생산에 있어서의 중요한 변화를 의미한다. 결국 생산비용이 저렴하고 대중화된 소리기록 기술을 사용할 수 있게 됨으로써 이상과 같은 기록정보 분야의 발전이 가능해졌다.

### 1.5.10 컴퓨터에 의한 정보

단순한 산술 기계의 기원은 17세기 파스칼과 라이프니쯔가 사용한 고대 주판으로 거슬러 올라간다. 최근 세대는 기계를 이용해 수학적 좀더 계산을 잘 할 수 있게 되었

---

15) "우리가 두려워해야 할 유일한 것은 오로지 우리가 두려워한다는 것 그 자체 뿐입니다 …." 대공황 와중에 미국의 제32대 대통령이 된 F. D. 루즈벨트의 1933년 대통령 취임 연설의 한 대목 〔역주〕

다. 이런 기계들을 사용하여 보다 정교한 방식으로 데이터를 저장하고 다룰 수 있었다. 2차 세계대전 이래 이러한 기계들은 계속해서 용량과 기능이 향상되었지만 그에 반해 비용과 크기는 크게 떨어졌다. 1970년대 들어 통합회로와 실리콘칩의 완성도가 높아짐에 따라 컴퓨터는 정보원과 이용자를 연결하는데 있어 융통성이 보다 증대되었고, 동시에 컴퓨터기술이 폭넓게 도입되기에 충분할 정도로 가격이 저렴해졌다. 강력한 대형 컴퓨터(mainframe)에서부터 무릎 위에 올려놓고 편리하게 쓸 수 있는 개인용 또는 가정용 컴퓨터에 이르기까지 이런 놀랄만한 변화들은 엄청나게 짧은 시간에 너무나도 익숙한 것이 돼버렸다. 그 결과 기록의 생산과 처리가 양적인 면이나 절적인 면 모두에서 컴퓨터를 사용함으로써 손으로 쓰는 것에 비해 커다란 차이와 변화가 나타났다. 이제 정보는 반드시 출력하여 인쇄하지 않고도 기록하고 이용하고, 심지어는 파기할 수도 있으며 또 육안으로 읽을 수도 있게 되었다. 관료체제에서 이런 변화는 매우 신속하게 진행되었고 그 효과도 매우 놀랄만한 것이었다. 1970년대는 미국 연방정부기록의 7퍼센트가 컴퓨터로 만들어졌지만 불과 15년이 지난 1985년에 가면 그 비율이 80퍼센트를 넘는다고 추정하기도 한다.16) 개인 영역에서의 변화 역시 극적이다. 개인이 전유한 원본 편지는 손쉽게 만들어질 수 있게 되었다. 주목할 점은 초안과 별도로 최종 원고를 옮겨 써야 할 일이 없게 되면서 손으로 쓴 원고 초안이라는 개념이 급속하게 그 의미를 잃었다는 사실이다. 이러한 변화는 우연히 벌어진 상황을 통해 실감하게되곤 한다. 1988년 미국 아키비스트협회(SAA: Society of American Archivists) 연차회의에서 한 발표자는 쓰여진 원고 대신 노트북컴퓨터를 연단에 가지고 나와 그것을 보며 발표를 했는데 막바지까지 원고를 수정하면서 컴퓨터를 효과적인 발표수단으로 이용하여 청중들을 놀라게 하였다.

## 1.5.11 기록되지 않는 정보

현대의 기술발전으로 많은 종류의 기록이 좀더 쉽게 생산될 수 있었지만 진보만 있었던 것이 아니라 때로는 그러한 발전이 퇴보를 야기하기도 했다. 20세기를 거치면서

---

16) 정부 정보가 컴퓨터로 저장되는 추세의 증가상황에 관해서는 다음을 보라. James Gregory Bradsher, "An Administrative History of the Disposal of Federal Records, 1950-1985," *Provenance 4/2*(Fall 1986): 57-60. 컴퓨터의 영향에 대해서는 일반적으로 다음을 참조할 수 있다. J. David Bolter, *Turing's Man: Western Culture in the Computer Age*(Chapel Hill: University of North Carolina Press, 1982); James R. Beniger, *The Control Revolution: Technological and Economic Origins of the Information Society*(Cambridge, Massachusetts: Harvard University Press, 1986).

과거에는 생산되었을 '확실한' 기록 중에서 더 이상 만들어지지 않는 것이 생겨났다. 예컨대 전화기술이 발달하여 그 사용이 확산되면서 개인이든 집단이든 이제는 더 이상 쓰는 형식으로만 통신을 하지는 않게 되었다. 이러한 현상은 보기에 따라서는 흔적이 남지 않는 구술시기의 통신으로 회귀한 것으로 볼 수도 있을 것이다. 전화로 대화한 것을 확실히 하려면 테이프 같은 것에 녹음해 두어야 한다. 공적인 영역에서는 전화 메모를 남기기도 하지만 그건 거의 드문 현상이었고, 사적으로는 그나마도 전혀 이루어지지 않는다고 해도 틀린 말은 아니다. 아주 먼 곳까지 전달되고 감정이나 그밖의 다른 여러가지 내력들이 간직되는 편지 형식에 담긴 사적이며 내밀한 일들은 이제 전화선이나 위성으로 이어지는 전기 에테르로 그때 그때 소멸되어 버린다. 1980년대에는 종이에 쓰지 않고 컴퓨터 화면상으로만 메시지를 주고받는 전자우편 등 정보들이 쉽게 소실되는 갖가지 기술적 이형들이 더욱 많이 등장했다. 기술이 기록의 생산을 지원할 수 있었다면 마찬가지로 한편으로는 기록이 만들어지지 않도록 조장할 수도 있음이 분명하다. 셜록 홈즈가 주목한 '짖지 않았던 개'와 마찬가지로 실재하지 않은 기록은 현대인의 일상 속에서 하나의 현실이 되어 버렸다.17)

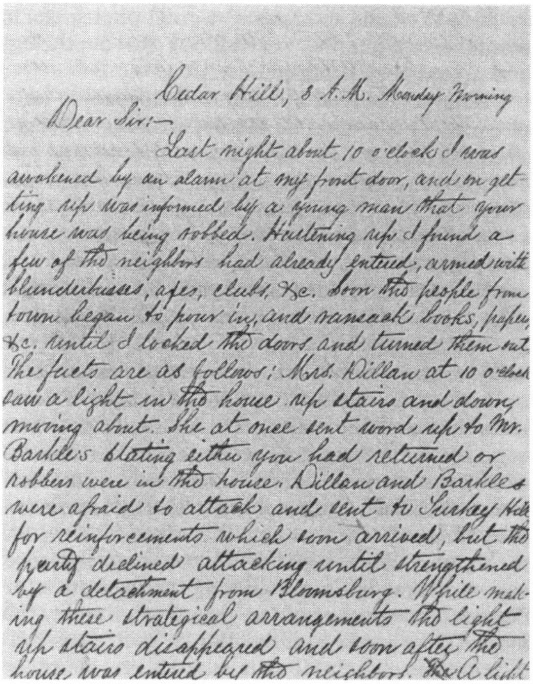
Cedar Hill, 8 A.M. Monday Morning
Dear Sir:—
Last night about 10 o'clock I was awakened by an alarm at my front door, and on getting up was informed by a young man that your house was being robbed. Hastening up I found a few of the neighbors had already entered, armed with blunderbusses, axes, clubs, &c. Soon the people from town began to pour in, and ransack books, papers, &c. until I locked the doors and turned them out. The facts are as follows: Mrs. Dillaw at 10 o'clock saw a light in the house up stairs and down moving about. She at once sent word up to Mr. Barkle's stating either you had returned or robbers were in the house. Dillaw and Barkle were afraid to attack and sent to Sunkay Hill for reinforcements which soon arrived, but the party declined attacking until strengthened by a detachment from Bloomsburg. While making their strategical arrangements the light up stairs disappeared and soon after the house was entered by the neighbors. A light

이 19세기 편지는 오늘날이라면 전화로 전해질 정보를 담고 있다. (David Scott, Husky Photos, Bloomburg University Archives 제공)

17) 코난 도일의 탐정소설 <사라진 명마 은성호(銀星號)>에서 사냥개가 소리를 내지 않았다는 사실로부터 셜록 홈즈는 결정적 단서를 얻었다. 〔마굿간지기 사냥개가 출입자를 보고도 짖지 않은 이유는 익히 알고 있던 인물이기 때문이었다. 따라서 이는 곧 짖지 않은 개라는 '비실재'가 실질적으로는, 개와 그 사람간의 '실재하는' 관계를 상징한다는 것을 비유한 것으로 생각된다. 역주〕 전화의 역사에 관해서는 John Brooks, *Telephone: The First Hundred Years*(New York: Harper and Row, 1976), Ithiel de Sola Pool, ed., *The Social Impact of the Telephone*(Cambridge, Massachusetts: M.I.T. Press, 1981)를 보라.

## 1.6 현대 기록정보의 특성

이상과 같이 다양하고도 많은 변화가 기록을 만드는 방식에 영향을 미쳤다. 인류가 기억에 의존하다가 처음으로 무언가 쓰기 시작한 이래 대체로 기록정보의 성격도 지속적으로 변해왔다. 오늘날 기록정보는 막대한 양으로 늘어나고 있다. 따라서 아키비스트가 이처럼 많은 양을 고려하려면 개별기록을 넘어서는 기록 전반을 일반화하고 그 기록 각각의 특성을 폭넓게 숙고해야 한다.

우선 부정할 수 없는 것은 기록이 부족하기보다는 **넘쳐날 만큼 너무 많다**는 사실이다. 현대의 문자문명 아래에서 기록은 개별적이 아니라 거대하게 집적된 형태로 존재한다. 그만큼 만들기도 쉽고 그 비용도 저렴해졌다. 사회가 복잡해지는 만큼 많은 양의 기록이 생산되어 조직되기 위해서는 그에 맞는 조건이 필요하다. 특정 주제나 정보원에 관한 기록이 단일하게 존재하는 경우는 결코 없으며 관련 주제에서 대개는 수백, 수천 입방피트에 달하는 기록 더미가 만들어지는 상황이 발생하게 된다. 수많은 사본, 유사한 주제의 다른 판본, 장기적으로 진행되어 온 과정에서 만들어진 기록, 복잡한 현상의 서로 다른 면을 다루면서 초점을 좁힌 많은 분량의 기록, 그리고 오랜 기간 동안 개인이나 그밖의 실체가 만들어낸 파일 컬렉션 등은 이제 기록관리 환경에서 예외적인 것이 아니라 보편화된 경우라고 해야 옳다. 아키비스트는 대개 한 통의 서한이 아니라 많은 편지들이 담겨 있는 수많은 상자를, 하나의 청사진 세트가 아니라 수천장의 청사진을, 한 개의 파일이 아닌 한 보존장소에 들어 있는 기록 전체에 대해 책임진다. 그 결과 아키비스트에게는 나무보다는 숲을 보는 전체적 시야가 필요하게 되었다. 아키비스트가 개별기록에 세밀한 관심을 기울일 수 있을만큼 충분한 시간이 없다는 점이 기록

기록의 풍부함을 보여주는 레코드센터 (John R. Kennedy, Westchester County Archives, New York)

관리자가 그룹차원으로 기록을 관리
하고 통제할 수 있는 방법 및 기술
이 개발되어야 하는 이유가 되기도
한다. 기록의 관리와 통제를 실현하
는 과정에서 어느 정도의 활동수준
이 기록을 수집하여 조직하고 모든
기록 더미들을 유용하게 만드는데
적절한가? 이 물음은 곧 기본적으로
시간과 재원의 관리이자 아키비스트
가 자신의 일 처리과정에서 내려야
할 결정 중에서 가장 중요한 핵심사
항이다.18)

기록의 중요성이나 의미가 개별적
으로보다는 **집합적으로** 나타나는 것
은 기록정보가 많아지면서 나타난
또다른 불가피한 특성이다. 분명한
사실은 정보의 집합적 의미는 기록
의 양이 많아지는 만큼 뚜렷해진다

기록은 활용되기 위해 유지된다. (Simon Tong, University Archives, State University of New York, Buffalo)

는 점이다. 이제껏 역사학 또는 그밖에 많은 연구자들은 모든 의혹과 의문을 기적처럼
풀어줄 핵심기록을 찾곤 했다. 이런 희망은 대체로 어떤 현혹됨에서 비롯된 것이다. 어
떤 기록이 다른 것에 비해 많은 정보를 담고 있는 경우는 있더라도 기록 생산자가 자
신이 숙고한 생각이나 의도, 동기 등을 어떤 해답을 구하는 사람의 요구에 딱 들어맞
는 간결하면서도 목적이 분명한 형식으로 남겨 놓는 경우는 거의 없다. 그보다는 대개
어떤 사실의 추이나 결론이 기록이 만들어진 컨텍스트와 밀접히 관련되면서 기록 전
체에 집합적으로 나타난다고 보는 것이 타당하다. 예를 들어 고아에 대한 공공정책이
나 그 종사자들이 지닌 태도는 고아원장이나 사회사업가 또는 고아가 쓴 편지 한 통에
전부 나타나지는 않는다. 그보다는 다양한 기관의 문서들과 사진 그리고 고아원에 거
주했던 사람들의 회고록 등에 좀더 잘 나타날 것임이 분명하다. 점점 더 많은 정보가

---

18) F. Gerald Ham, "Archival Choices: Managing the Historical Record in an Age of Abundance," *American Archivist* 47(1984): 11-22.

기록되고 활용될 것이므로 전체적인 중요성을 파악하기 위해서는 필수적으로 다양한 출처에서 비롯된 보다 많은 정보를 검토해야 한다.

기록의 생산이 꾸준하게 **분권화되고 민주화**되는 것 또한 기록이 풍부해지고 그래서 하나의 전체로서 다루어야 할 주된 이유이다. 이제 문자 해독은 사회 엘리트 영역에서만 누릴 수 있는 특혜가 아니다. 실제로 현대사회의 모든 사람들은 읽고 쓸 줄 알며 궁극적으로는 그렇게 되어야만 한다. 이는 시간과 뜻이 없으면 몰라도 그렇지 않다면 모든 사람이 다양한 목적으로 기록을 만들 수 있고 그렇게 한다는 것을 의미한다. 지금은 기록이 만들어지는 원천이 과거 그 어느 때 보다도 막대하게 늘어났지만, 그에 비해 보존할 가치가 있는지 여부를 선택하는데 필요한 사항을 규정해 놓은 근거들은 그만큼 찾기 어렵다. 민주적 기록생산의 시대에도 모든 것이 보존될 수는 없으며 얼마간의 선별은 불가피하다. 따라서 아키비스트의 선택방식과 그 선택이 얼마나 대표성을 갖는지 또 얼마나 심사숙고한 것인지 모두가 중대한 관심사항이 된다.

많은 출처에서 비롯된 풍부한 기록군에서 개별 기록사이의 **상호관련성**(interrelatedness)은 보다 분명하며 실제적인 것이 되었다. 현대사회의 기관과 단체들 예컨대, 정부·회사·비영리법인·시민단체 등은 서로 관련되어 있는 만큼 그 기관들의 기록 역시 상호 중첩되고 서로 연관되어 있다. 그러므로 아키비스트가 비록 어느 한 측면만을 알고자 해도 자신이 관리하는 수집물 이외에 다른 기록관의 수집물도 주시하면서 관심을 기울여야 한다. 이와 같은 맥락에서 상호관련성 인식에는 특정매체에 한정하지 않는 관점도 필요하다. 과거에는 다른 부문과 차별성을 유지하는 것이 해당 전문가의 존재를 정당화하는 것이 되기도 했다. 사서는 출판된 도서만 주목하고, 레코드매니저는 현재 활용 중에 있는 기록에, 아키비스트는 직접적인 목적의 활용 필요성이 없어짐으로써 그 가치를 평가받는 진기한 기록 자원에 관심을 기울였다. 이러한 구분은 이제 경계선이 흐려졌기 때문에 더 이상 받아들여 질 수 없다. '유사프린트(Near-print)'[19]자료가 인쇄정보와 비인쇄정보의 구분을 모호하게 하였으며, 한편으로는 컴퓨터로 수많은 복사가 이루어지는 상황에서 유일무이한 기록과 단순사본을 구분하는 '원본'의 개념에 의문이 제기되기도 한다. 각각의 기록전문가들은 기록정보 전체 중 일부분에 대한 책

---

19) '유사프린트(near-print)' 자료는 보통의 인쇄방법 이외의 기술을 이용하여 다량으로 만들어진 기록물 전반을 의미하며 등사판인쇄, 헥토그래프(hectograph: 젤라틴판)인쇄, 정전기(electrostatic)인쇄, 온도측정그래프(thermographic) 등이 이에 속한다. 다른 말로는 '가공(processed)자료'라고도 한다. Lewis J. Bellardo and Lynn Lady Bellardo, *A Glossary for Archivists, Manuscript Curators, and Records Managers*, (Chicago: Society of American Archivists 1992) p.23 〔역주〕

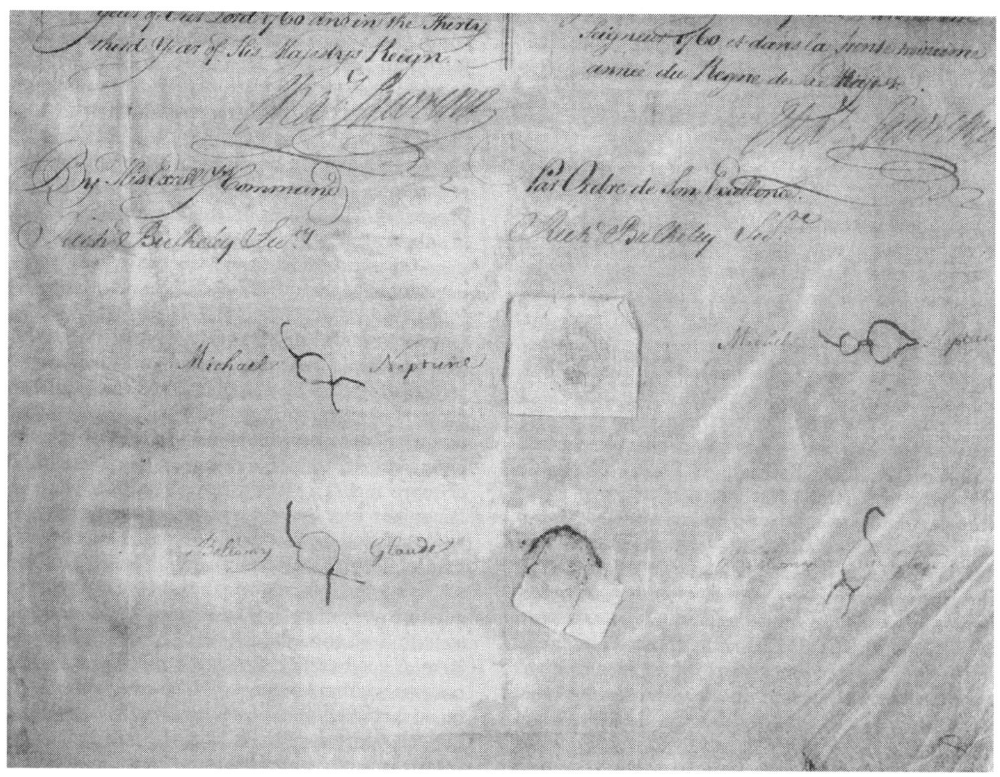

조약문은 수백년 동안 가치있는 현용기록으로 존재한다. (Archives, Commonwealth of Massachusetts)

임을 가지고 있음에도 불구하고 기록 및 정보전문가들 전반은 자신의 일을 단순히 자료의 물리적 형식으로 한정하지 않게 되었다.

　기록의 풍부함, 그것을 생산하고 이용하는 집단의 폭이 넓음 그리고 다양한 기관과 기록 사이의 관련성 등이 기록정보가 불가피하게 **사회적 속성**을 갖도록 만든다. 기록은 사람들이 서로 통신하는 수단이며, 말을 대신하는 목적의식적인 대용물이다. 기록은 서로 다른 시간과 장소에 있는 사람들, 심지어는 시간이 지나 '다른 사람'이 되어 버린 우리 자신에게 말을 거는 방법이다. 기록은 그 자체를 목적으로 하거나 지나간 옛 시간의 흔적을 지키려는 신비주의적인 발상에서 보존하지 않는다. 기록은 바로 사용하기 위해 보존하며, 그 유용성의 수명은 레코드에서 아카이브 단계로 들어서도 줄어들지 않고 계속 유지된다. 특정한 쓰임새는 변화될 수 있으나 개인적 그리고 사회적 차원의 유용성은 계속 유지되는 것이다. 아키비스트가 기록을 조직하고 관리하는 방식은 언제나 이같은 유용성을 염두에 두고 행해져야 한다.

기록이 지닌 결정적인 특성은 시간의 경과와 함께 나타나는 목적과 **유용성의 변동**이다. 애초 모든 기록은 개인적·사회적·경제적·법적·도구적·상징적 목적 등 일정한 목적에 근거하여 만들어진다. 그렇지만 아키비스트는 기록이 만들어진 시점부터 원래의 목적이 다른 것으로 대체될 수도 있고 그 과정에서 기록의 쓸모가 떨어지기보다는 오히려 보다 높아진다는 것을 알 수 있다. 미국에서 기록에 관한 사고에 두드러진 영향을 남긴 쉘렌버그(T. R. Schellenberg)는 기록의 보존가치는 만들어진 본래의 이유를 넘어서는 정도에 따라야 가장 적절히 실현된다고 단언하였다.[20] 달리 말하면 레코드는 그 유용함에 있어서의 변동이 있기 전까지는 아카이브가 아니라는 것이다. 아키비스트는 이를 원래 의도한 목적의 가치인 1차적 가치(primary value)에서 연구나 기타 문화적 이해와 관련 인물, 사물, 현상에 관한 정보가 지닌 중요도에 따른 2차적 가치(secondary value)로 이동하는 것이라고 지적했다. 기록 생산이 평등화되고 기록의 종류가 증가한 것은 단지 기록 목적이 보다 넓게 확대될 수도 있다는 잠재적 가능성을 열어 놓은 것에 불과하다. 기록이 늘어나면서 보존해야 할 기록과 파기할 기록을 선별하는 문제가 더욱 복잡해지기 때문에 많은 양의 기록은 심각한 결과를 야기한다. 2차적인 목적에 포함된 범위가 지속적으로 넓어진다면 어떤 기록이 언젠가는 가치를 갖지 못하란 법은 없지 않은가라고 생각할 수도 있다. 그렇지만 원한다고 필요한 모든 기록을 보존하는 것이 가능한지도 생각해 봐야 한다. 아키비스트는 이같은 문제에 대하여 기록에 담긴 계속적인 유용성을 실현하는 방식으로 해답을 제시해야 한다.

## 1.7 기록의 유용함

다양한 방식으로 만들어진 정보는 사회 전반에서 활용된다. 기록관리에 관한 문제를 소수 전문가 그룹만 알 수 있는 은밀하고 고립된 방식으로 처리하려 한다면 중요한 것을 놓치게 될 것이다. 근래 들어 아키비스트가 상대해야 하는 이용자의 범위는 넓고 다양해졌다. 이제 기록관에서 공무상의 협조나 사적 용무가 처리되는 것은 매일 매일 벌어지는 일상이 되었다. 광범위한 이해관계를 가진 많은 사람들이 기록에서 정보를 찾는 것이다. 기록이 얼마만큼 사용되느냐는 기록 관련 프로그램의 성립과 그것의 계속적인 유지를 궁극적으로 정당화시켜 주는 근거이다. 또한 기록의 활용은 아키비스트

---

20) T. R. Schellenberg, *Modern Archives: Principles and Techniques* (Chicago: University of Chicago Press, 1956), 13-14.

가 기록과 그것을 이용하는 이들과 함께 일하는데서 유래하는 즐거움과 만족의 원천이기도 하다.

기록중에는 개인적 정체성을 담고 있기 때문에 유용한 기록들도 많다. 실제로 각 지방과 주에서 보존하고 있는 출생기록이나 교회의 세례기록은 사회보장과 의료혜택을 위한 시민권이나 기타 자격을 나타내는 증거로 사용된다. 그렇지만 다른 한편으로는 같은 기록이 그러한 활용을 넘어서 많은 가족사가나 족보학자들에게 필요한 것이 되기도 한다. 가족사 연구나 계보 연구는 생각만큼 하찮은 취미가 아니다. 그렇게 기록을 이용하는 사람들은 갈수록 변화하는 세상에서 자신에 관한 확정적이며 믿을 수 있는 배경을 세움으로써 마치 배를 항구에 정박시키듯 자기자신과 가족을 안정적으로 정착시키는 정신적인 역할을 하게 된다. 이민 1세대인 부모나 조부모의 결혼에 관한 기록이 어디

있는지 알아내려고 애쓰는 이용자들을 봐 온 아키비스트라면 누구나 개인의 정체성과 관련해 기록이 가질 수 있는 강력하고도 분명한 의미에 관해 알고 있을 것이다.

기록의 사용은 사회 전반적으로 커다란 혜택을 준다. 예를 들어 의학자들은 기록을 이용해서 자신들의 치료법 연구에서 질병의 증상이나 유형을 추적한다. 공중보건 분야의 공무원들은 기록을 통해 독성폐기물 투기지역을 찾아내서 그것으로부터 주민들을 보호한다. 기상학자들은 일기예보에 기후기록을 참고로 한다. 요즘들어 많은 공·사 기록관에서는 이주한 토착 아메리카인의 토지소유권 주장이나 그밖에

다양한 관심의 연구자가 기록관 이용자층을 형성한다. (Simon Tong, University Archives, State University of New York at Buffalo)

전시회 및 확장서비스 프로그램은 더 폭넓은 대중에게 기록을 전달한다. (Illinois State Archives)

조약분쟁과 관련된 법정소송이 공평하게 처리되도록 하기 위해 소장기록을 개방하였다. 한 주립기록관에서는 소장기록을 이용하여 연해의 석유매장 지역에 대한 권리를 입증하였는데 이로 인해 이 주에서는 세율을 낮추고도 기존 세입을 유지함으로써 공공서비스를 축소하지 않아도 되게 되었다. 이러한 사례에서 알 수 있듯이 대중들은 대개 기록과 관련된 공공이나 민간 프로그램 통해서 실질적인 이득을 얻게 된다. 상당한 양의 이익이 기록관에 대한 투자로부터 발생한다.

단체 또한 기록으로부터 도움을 받는다. 단체의 중요한 계약 또는 재정 증빙자료는 법적 요건이나 적절한 관리상의 필요에 따라 관리되게 마련이다. 기업이나 대학의 건축물 설비와 관련된 부서는 책임 있게 만들어진 청사진이나 건축에 관한 기록에 의존하여 업무를 수행한다. 꽤 오래되고 역사적으로도 의미가 있는 건물에 관한 기록은 현대적인 구조물의 기록과 함께 보관된다. 지붕이나 창호의 수리가 필요할 때 그 건축기록은 직접적이며 실질적으로 유용하게 사용된다. 그 기록에 담긴 건축 정보를 다시 작성하려면 예를 들어, 건물을 재측정하여 청사진을 다시 그리려 한다면 그 비용이 매우 높아 기술적으로는 가능할지 몰라도 실행하기는 힘들 것이다. 기록에 관한 정책만 훌륭하게 갖추어져 있으면 이런 비용은 불필요하게 된다. 많은 기업에서도 광고나 판촉 등에 기록을 사용하는데, 여기에서 기록은 과거에 관한 이미지를 연상시켜 거기에 담긴 전통을 보여주고 소비자에게 좋은 인상과 신뢰를 심어 주는데 이용된다. 코카콜라사가 한 세기 전 생산된 유리제품이나 쟁반을 다시 만든다든지 맥도날드햄버거사가 매장 벽에 해당 지역의 역사 사진을 전시하려는 구상 등이 그 예이다. 이처럼 기업들은 업무에 매우 중요한 대중적 이미지 창출과 마케팅의 모든 주요 영역에 기록을 이용한다.

물론 기록은 순수 연구자들에게도 도움이 된다. 단지 특정한 연구주제와 관련된 유용성을 미리 내다 볼 수 없을 뿐이다. 과거를 통해 현재를 이해하려는 사람들은 기록관에서 자기가 쓸 글이나 분석에 동원할 원자료를 찾는다. 기록관을 찾는 연구자들 대부분은 그들이 일찍이 교육받은 바 있는 "기록 없이는 역사도 없다"는 교훈에 따라 이끌려 온 것이었다. 그렇지만 연구를 목적으로 하는 기록 이용이 단지 대학의 학자들에 한정되는 것은 아니다. 여기에는 지엽적이면서도 난해한 특이한 주제에 흥미를 가진 사람들도 포함된다. 어떤 면에서는 오히려 교원·초등학교에서 대학원에 이르는 각급 학교 학생·지역사가·전기작가·다큐멘터리 영화제작자 등 다양한 분야의 이용자들이 빈번히 기록관을 방문해 과거로부터 적절한 정보를 얻는다.

　이들에게 기록관은 정보를 얻는 즐거움과 교화·교육의 기회를 제공하는 유용한 존재이다. 책이나 TV프로, 영화를 만드는 사람은 중요하면서도 정확해야 할 이야기 전개와 세부 묘사에 신뢰성을 얻기 위해 기록에 의존한다. TV 미니시리즈로 제작되기도 한 알렉스 헤일리(Alex Haley)의 책 <뿌리(Roots)>가 엄청나게 성공할 수 있었던 것은 기록관의 다양한 기록을 활용했기 때문이라고 해도 과언이 아니다. 한편 많은 기록관들은 성인연령의 시민과 학생들을 대상으로 소장 기록을 이용한 여러 가지 교육 프로그램을 기획하고 실행한다. 이런 프로그램을 통해 기록은 연로한 시민들이 자신들의 경험을 떠올려 그들의 삶을 다른 이들에게 전하는데 쓰이기도 한다. 또한 기록은 젊은 사람들이 짧은 인생경험과 기억의 범위를 넘어 과거를 돌아볼 수 있게 하는가 하면 자신들이 커다란 공동체의 일원임을 일깨울 수 있도록 해준다. 교회·사교클럽·학교·지방과 도시 등에서 마련하는 연례 기념행사는 편지원본·사진·회고록 등 기록관에 보존되어 있는 정보 원천에 의거하면서 보다 풍성해진다. 단순히 정보로서만이 아니라 실제 인물들이 쓴 편지나 일기 등 실물로써 기록을 접할 때 개인은 자신이 존재하는 시간의 경계를 넘어 직접적이면서도 개인적인 방식으로 그들이 과거와 현재의 보다 큰 전체를 구성하고 있다는 것을 실감한다. 이는 돈으로 정확하게 계산할 수는 없지만 인간 사회에서 덜 중요한 것은 아니며 또한, 손에 잡히지는 않지만 기록이 제공하는 하나의 중요한 혜택이다.

＊　　＊　　＊

　다양한 기록정보원이 생산되어 보존되는 데는 복합적인 이유가 있다. 현대사회에서 그러한 정보는 많은 특성들을 지니고 있으며 다양한 목적에 동원된다. 그 목적 중 일부는 예견할 수 있지만 어떤 것은 그렇지 않다. 그렇다면 정보는 어디에서 어떻게 유지되어 조직되고 유용화되는가? 이 모두는 기록관과 아키비스트의 책임에 속하는 것이다. 기록관리기관과 아키비스트라고 할 사람들의 역사는 기록전문직의 목적과 특성에 대한 깊이 있는 사고는 물론 그 기원에 대한 이해도 제공해 줄 것이다.

# 2

The History of Archives and Archives Profession

# 기록관과 기록전문직의 역사

미국에서 기록전문직의 영역은 폭넓고 다양하다. 얼핏 보더라도 기록관이나 기록과 관련된 활동에서 삶의 여러 측면들에 관한 많은 기록을 얻을 수 있음을 알 수 있다. 국립·주립·지방 등의 각급 정부 기록관에는 공공업무를 수행한 공직자와 그들이 속한 기관의 기록이 남겨져 있다. 역사협회·연구도서관·연구기관 그리고 대학 등에도 연구가치가 높은 기록물이 소장되어 있다. 아울러 자신의 기록을 보존하는데 관심을 기울이는 사설기관들도 분명 늘어나고 있다. 기업·종교단체·병원·학교·노동조합·박물관 그밖에 문화기관, 기부금으로 운영되는 조직들 역시 기록 보존에 실제적인 노력을 기울이고 있다.

20세기 후반 기록전문직의 증가 추세는 좀더 두드러진다. 1950년대 말 국립기록관의 해머(Philip M. Hamer)가 기록관리 부서나 기관을 확인하기 위해 실시한 조사에 따르면 기록관은 1,300여 개였다. 15년을 조금 지난 시점에서 해머가 한 조사를 이은 사람들은 보다 세밀하게 조사를 진행하였는데 제출 결과보고는 절대수가 두 배 이상 증가했다는 내용이었다. 십년 뒤인 1988년 조사에서 기록관의 수는 다시 두 배 가까이 늘어난 4,200여 개였다. 이같이 기록관이 증가하면서 아키비스트 경력을 갖추게 된 사람들도 같이 늘어났다. 전국 규모의 대표적인 기록전문직 단체인 미국 아키비스트협회(SAA: The Society of American Archivists)는 창설연도인 1936년만 해도 회원이 단지 125명에 불과했지만 해머가 조사한 시점에는 1,000명을 넘었고, 그 이래로 다시 두 배 이상 늘었다.[21] 기록생산에 있어 다원화가 진행되면서 미국의 기록전문직도 점차 분산되었다.

조지아 주립기록관처럼 대규모 기록관(왼쪽)도 있고 뉴욕 알바니 (Albany) 사랑의 여신자회 기록관처럼 소규모 기록관 (오른쪽)도 있다. (George S. Whitely IV, Georgia Department of Archives; Daughters of Charity Archives, Albany, New York)

이런 변화가 어떻게 일어나게 되었는가? 미국의 기록관과 기록전문직에게 나타난 다양한 특성의 양상과 그 이유는 무엇인가? 그같은 다양성에서 비롯된 장·단점은 무엇인가? 기록전문직이 걸어온 과거에 담겨 있는 것이 현재와 미래에 갖는 함의는 무엇인가? 워싱턴 D.C.의 국립기록관 건물 입구에 새겨진 경구로서 '폭풍(The Tempest)'[22]에서 인용한 '과거는 전조(前兆)이다(What's past is prologue)'라는 말에 빗대어 본다면, 아키비스트와 기록관의 역사를 이해하는 것은 곧 현재의 그들이 어떤 존재이며 또 어디로 가고 있는지의 맥락을 알게 된다는 것을 의미하는 것이다.

## 2.1 구시대의 선례

문명을 담은 기록이 보존되는 일은 문자문화가 형성되어 번창한 곳이라면 어디에나 나타난다. 기록이 만들어진 것은 기원전 4천년 고대 근동지역 주민들이 점토판에 쐐기

---

21) Philip M. Hamer, ed., *Guide to Archives and Manuscripts in the United States*(New Haven: Yale University Press, 1961); National Historical Publications and Records Commission, *Directory of Archives and Manuscript Repositories in the United States*(Washington, D.C.: NHPRC, 1978); National Historical Publications and Records Commission, *Directory of Archives and Manuscript Repositories in the United States* 2nd ed.(Phoenix: Oryx Press, 1988). 미국 아키비스트협회의 회원정보에 관해서는 J. Frank Cook, "The Blessings of Providence on an Association of Archivists," *American Archivist* 46(1983): 376, 389. 많은 아키비스트가 미 아키비스트협회의 회원이 아니므로 현 수치에는 많은 전문직 수가 누락되었다.

22) 1623년 출간된 세익스피어의 희곡 작품. 〔역주〕

모양의 문자를 새길 때부터인데 그 기록 중 일부는 지금까지도 없어지지 않고 전해지고 있다. 일반적으로 고대에는 '아카이브'라는 말을 일정한 계속적 가치를 지닌 기록으로 보는 현대의 용법과 달리, 쓰여진 모든 기록을 지칭하는 말로 사용되었다. 바빌로니아의 점토판, 이집트의 파피루스, 그리스·로마의 목판, 양피지 등 기록을 만드는 형식

그레이트 둠스데이와 리틀 둠스데이가 원래 보관상자 위에 전시되어 있다. (British Crown Copyright, the Controller of Her Majesty's Stationery Office 사용허가)

은 변했지만, 정부나 기타 다른 공공조직이 기록을 꾸준히 생산하고 공공행정에서의 계속적인 유용성 때문에 그것이 보존되는 현상은 바뀌지 않았다. 이들 고대의 기록형식은 오늘날에는 거의 볼 수 없고 남아 있는 것도 얼마되지 않지만 수세기를 거쳐 남겨진 그 기록은 단순히 진기한 유물 이상의 의미를 지니고 있다. 그 기록은 만들어진 시대에 대한 직접적인 증거이며 기록과 그것이 만들어진 삶의 과정이 맺은 관계를 보여주는 원형이다.23)

유럽은 중세에서 근대 초기 보편적이지는 않았지만 문자가 널리 확산되었고, 종이가 기록정보를 보존하여 사용하는 가장 흔한 매체가 되었다. 기록은 사회 체제의 일부로서 다양한 용도를 갖게 되었다. 기록과 삶의 연계관계는 그 표현에서도 분명히 나타난다. 행위를 뜻하는 'act'와 'deed'라는 말은 단지 어떤 사람이 특정 시간에 행한 그 무엇이라는 뜻만이 아니라 그러한 행위를 확실하게 하기 위해서 쓰여진 기록 즉, 행위를 규정하는 법령(act) 그리고 사실을 확인하고 보증하는 증서(deed)라는 의미로도 통한다.24) 기록이 폭증한 것은 분명한 사실이지만 그럼에도 불구하고 기록이 만들어지는

---

23) 서구문명에서 기록과 기록관의 기원에 관한 영문 연구성과로 대표적인 것은 Ernst Posner, *Archives in the Ancient World*(Cambridge, Massachusetts: Harvard University Press, 1972)가 있다. 이밖에 Denise Schumandt-Beserat, "The Earliest Precursor of Writing," *Scientific American* 238(June 1978): 50-59도 있다. 저자는 기원전 9세기에 수메르인들이 계산이나 거래의 흔적을 남기고 점토로 된 다양한 모양의 증표에 각각의 의미를 담아 중요한 정보를 보존했음을 밝혀냈다. 이 다양한 모양은 후에 의미를 담은 표의문자(表意文字)로 진화한다. 따라서 이보다 수천년 앞서 기록이 쓰여졌다고 볼 수 있다.

24) Hugh Taylar "'My Very Act and Deed': Some Reflections on the Role of Textual Records in the Conduct

다양한 동기는 대체로 변하지 않았다. 기록은 중요한 정보를 보존하기 위한 보다 객관적인 방법이자 오류투성이인 인간의 기억보다 믿을 수 있는 수단이다.

단일기록으로는 역사상 가장 유명한 둠즈데이북(Domesday Book)[25]만큼 이같은 기록의 기본적인 특성이 잘 나타나는 경우는 아마도 없을 것이다. 정복왕 윌리엄은 1085년 새로 획득한 왕국의 통치를 정당화하고 강화할 목적에서 전 영토에 걸쳐 조사를 벌이도록 명령하였다. 이 조사는 그의 말처럼 '어떤 부류의 사람들이 어떻게 거주해 있는지 나라에 관한 가능한 한 많은 정보'를 수집하기 위한 것이었다. 이 포괄적인 정보를 담은 기록은 실용적 목적에서 구상된 것이었지만 정복한 땅의 모든 것은 왕의 의지에 달렸다는 심리적인 측면을 강조하는 상징으로서의 무게 또한 실린 것이었다.

그 결과 보통 그레이트 둠즈데이와 리틀 둠즈데이로 알려져 있는 크고 작은 두 권의 두꺼운 책으로 구성된 둠즈데이북은 토지소유권과 이용 상태, 주민의 신분, 납세, 봉건적·종교적 권리와 의무 등이 상세히 실린 사회적·경제적·정치적 기록이 되었다. 결국 이 기록은 땅에 관한 모

둠스데이북에서 글로스터셔(gloucestershire) 지역에 대한 내용이 담겨 있는 면(British Crown Copyright, the Controller of Her Majesty's Stationery Office 사용허가)

---

of Affairs," *American Archivist* 51(1988): 456-469.

25) 1086년 영국 국왕 윌리엄 1세(1066~87년 재위)가 작성한 일종의 토지조사서이다. 윌리엄 1세는 노르만족으로 1066년에 잉글랜드를 정복하여 왕이 되었는데, 정복지의 통치와 조세징수를 목적으로 이 조사부를 작성하였다. 양피지 2권에 라틴어로 쓰인 이 조사부에는 각 주별로 정복 이전과 조사 당시 영주(領主)의 이름과 직할지 면적, 농기구의 수, 예속농민과 자유농민의 수, 삼림·목초지·방목지 등 공유지 면적, 정복에 따른 변동 폭, 각 토지의 평가액, 자유농민 보유지 면적, 토지의 잠재적인 경제가치 등에 이르기까지 매우 자세한 내용이 기록되어 있고 그 대상 범위도 거의 전국적이다. 단일기록으로 이처럼 상세하고 전국적인 기록은 세계적으로도 그 유례를 찾기 쉽지 않다. 현재 영국 국립기록관에 소장되어 있다. 〔역주〕

든 것을 포함한 조사 결과였으며 국왕 윌리엄의 지속적인 통치와 지배에 결정적으로 중요한 것이 었다. 그리하여 이 기록은 영원한 고정불변의 결정으로서 중세 기독교인들이 믿었던 장엄한 '최후 심판의 날(Doomsday)'을 은유한 것이 되었다. 작성된 직후부터 이 기록은 토지 가치의 산정, 소유권 주장, 기타 모든 권리 및 권한의 주장, 분쟁 해결 같은 실용적인 목적에 사용되었다. 시간이 지나면서 오래된 유물에서나 볼 수 있는 고색 창연함이 기록에 배였는데, 이는 근래의 판단 척도에 의한 것이다. 오늘날의 역사 연구에 유용하다는 점을 고려해 볼 때, 둠스데이북은 여전히 사회의 실제적인 필요에 따라 쓰여진 정보라는 점 때문에 중요하다.26)

프랑스 대혁명은 기록의 생산 및 활용 전반에 걸쳐 근대적 사고가 등장했다는 점에서 대혁명의 기타 다른 많은 요소들과 함께 하나의 분기점을 이룬다. 전제권력의 수단이었던 토지와 봉건, 기타 다른 기록은 사회 전반에 걸친 민주주의적 열망에 따라 불태워졌다. 그럼에도 불구하고 혁명 과정에서 진보가 얼마나 진전되었는지 보여주기 위한 것과 상관 없이 역사에 대한 이해를 증진할 목적으로 과거에 대한 증거의 체계적인 보존이 모색되기도 하였다. 이유야 어떻든 프랑스에서는 국민의 권리를 보호한다는 이유에서 기록이 중요하다는 원칙이 정립되었다. 그래서 국가기록의 보존은 국가에 부여된 하나의 책무가 되었고, 동시에 국민 대중이 정부가 생산·유지한 기록을 충분하게 조사하고 검토할 수 있는 권한을 가진다는 것 역시 당연한 원리가 되었다. 프랑스에서의 경험은 혁명 이후 수십 년만에 다른 모든 서유럽국가에 전파되었다. 20세기에 들면 보존된 기록에 대한 시민의 권리라는 관념은 보편적인 것이 되었다.27)

---

26) 역사학 문헌을 통한 둠즈데이북의 완전한 개요와 보다 유익한 학문적 내용을 담은 것으로는 Elizabeth M. Hallam, *Domesday Book Through Nine Centuries*(London: Thames and Hudson, 1986), 특히 2장 The Reputation and Uses of Domesday Book(1087-1272)과 3장 Domesday Book as a Working Record(1272-1700)을 보라.

27) 이에 관한 설득력 있는 글은 보려면 포스너(Ernst Posner)의 다음 글을 보라. "Some Aspects of Archival Development Since the French Revolution," *American Archivist* 3(1940): 159-172. 유럽 기록관리 역사에서 바람직하지 못한 일화로서 나폴레옹이 자신이 정복한 모든 나라의 기록을 파리로 모아 합하려고 한 시도에 관해서는 Owen Chadwick, *Catholicism and History: the Opening of the Vatican Archives*(Cambridge: Cambridge University Press, 1978), 14-19쪽을 보라.

## 2.2 미국의 두 가지 기록관리 전통

　유럽의 탐험가들과 이주 정착민들은 신대륙에 발을 들여놓을 때 그들이 기록을 관리하던 관행도 함께 가지고 들어왔다. 스페인 선교사들은 식민지 정착민과 토착 개종자들을 대상으로 집전한 세례나 혼배 성사에 관한 자세한 기록을 남겼다. 프랑스의 상사(商社)들은 캐나다 삼림지대에 퍼져 있는 모피 동물잡이 덫 사냥꾼들과 상인들의 활동이 담긴 다양한 상업기록을 남겼다. 완전히 새로운 사회가 형성되는 데에는 그때까지 가 본 적이 거의 없었던 세계에 대해 확실하게 참고할 수 있는 기록이 만들어져야 했다.

　북미의 동부 해안지대에 밀집해 있었던 영국 식민지에서는 기록을 유지하고 관리하는 행위가 너무나 자연스럽고 당연한 것으로 받아들여졌으며 개척 초기에 이미 그 원형이 성립되었다. 몇몇 식민지 총독을 포함한 초기 정착민 중 상당수는 일기나 비망록 등을 남겼는데 이런 기록은 식민지 개척을 위한 노력 전반에 미친 신의 섭리를 보이기 위한 것으로서 한편으로는 고향에서 신대륙으로의 이주를 장려하는 것으로서의 역할을 하기도 했다. 중요한 실용적 목적을 위해 시민자치기관이 토지소유권을 체계화된 수단으로 기록하는 것이 필수적이었는데 이는 토지의 공평한 분할과 효과적인 경작이 식민지 개발의 성패에 중심 관건이었기 때문이었다. 버지니아의 제임스타운(Jamestown)[28])에서는 일찍이 1626년부터 일반적으로 장부에 모든 토지거래를 세밀하게 기록하는 절차가 존재했다. 같은 시기 뉴잉글랜드에서는 출생·혼인·사망 등 이른바 생애기록(vital records)이나 유언 및 재산에 관한 기록이 공적인 관리대상에 포함되는 방향으로 확대되고 있었다. 아메리카 대륙의 식민지 이주민들은 이미 일찍부터 그런 기록을 만들고 보존하는 것이 사적(私的)인 것이기보다는 공동체 차원의 책임이라고 결론내렸던 것이다. 개척민 사회에서 개인적으로 지니고 있는 문서는 쉽게 잃어버리거나 훼손되게 마련이었다. 반면 시민자치기관이 그러한 기록을 유지·관리한다면 고의적인 위·변조는 말할 필요도 없고 기록이 없어지는 일도 최소화될 수 있었다.[29])

---

28) 제임스타운은 1607년 북위 41도에서 34도 사이 북미 대서양 연안에 대한 식민지건설 특허를 얻은 영국회사가 104명의 식민지 이주민을 보내 건설한 북미 최초의 식민지이다. 〔역주〕
29) 식민지의 기록관리 관행의 기원에 관해서는 제목에서 나타나는 범위는 한정되어 있지만 사실상 모든 식민지에 관해 다루고 있는 George L. Haskins, "The Beginnings of the Recording System in Massachusetts," *Boston University Law Review* 21(1941): 281-304쪽과 Joseph H. Beale, Jr., "The Origin of the System of Recording Deeds in America," *The Green Bag* 19(1907): 335-339쪽을 참조하라.

이에 따라 미국에서는 식민지 정착 초기부터 **공공기록 관리 전통**(public records tradition)이라고 할 수 있는 것이 나타났다. 지역 또는 식민지 전체를 통치하는 당국이 공동체의 대표체로서 기록의 생산자요 관리자가 되는 것이 마땅하다는 생각이 받아들여졌다. 더욱 당연시 된 점은 그렇게 존재하는 기록을 통해서 시민임이 보증되고 그들의 법적 권리가 보장되며, 그렇게 됨으로써 한 시민의 권리가 다른 시민들이나 정부에 의해 침해받지 않게 된다는 것이었다. 기록의 관리와 이용을 중시한 신념은 정치적·이념적 차원에까지 확대되

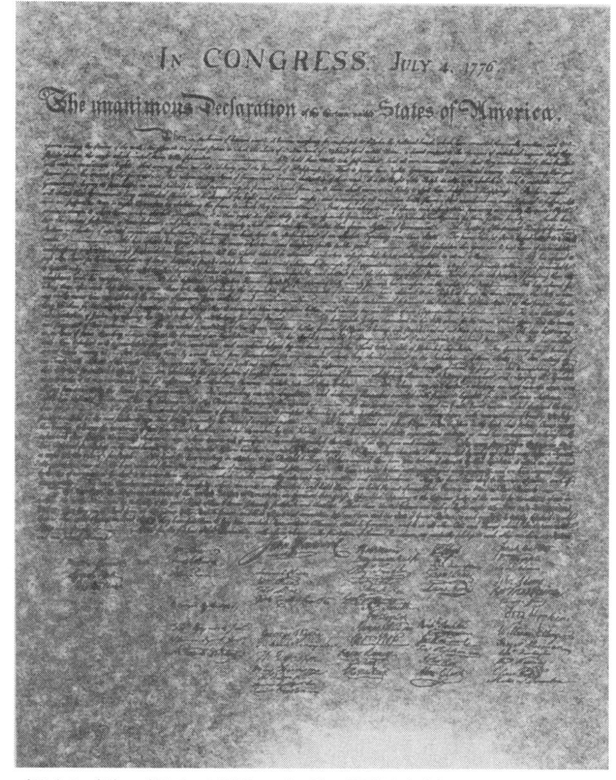

자유수호에서 기록의 역할을 강조한 독립선언서 (David Scott, Husky Photos)

었다. 18세기 중반 독립혁명의 위기 국면이 고조되는 가운데 많은 식민지 의회는 의사일지의 유지와 간행을 결의하였는데 이 기록의 많은 부분에는 식민지 모국인 영국 왕실과 의회의 권리침해에 대한 저항이 담겨 있었다.

미국인들은 공적으로 공정하게 유지·관리되며 만인에게 개방되는 기록에 대해 중요한 역할을 부여해 왔다. 미국의 가장 기본적인 정치적 문서라고 할 수 있는 독립선언서에도 기록의 중요성이 강조되어 있다. 미국 독립선언서에 담긴 영국 국왕 조지 3세에 대한 장문의 고발내용에는 왕이 부당하게도 '비정상적이고 불편하며 또, 식민지 주민의 공공 기록 보관소에서 멀리 떨어진 곳에 입법기구를 소집했다'는 비난이 담겨 있다. 식민지 주민들에게 그것은 곧 자신들의 기록 없이는 전제 정치에 대항해 자신의 권리를 보호하는 것이 불가능하다는 것을 의미했다. 10여 년 뒤에 만들어진 미 합중국 헌법 초안에는 의회의 의사일지 유지관리에 관한 요건(제1조 제5항 제3단락)과, 법령과 각종 기록, 의사록의 형식, 그 법적 효력을 정하는 권한을 의회에 부여하는 조항이

매사추세츠 역사협회의 창립자, 제레미 벨크냅(Jeremy Belknap) (Massatusetts Historical Society)

매사추세츠 역사협회 초대 회장, 제임스 설리번(James Sullivan) (Massatusetts Historical Society)

(제4조 제1항) 명시되었다. 물론 공공기관은 항상 상태가 양호해야 하는 도로나 교량을 관리하는데 필요한 세심함 이상으로 기록의 유지에 관심을 기울이지 않게 마련이다. 그렇지만 모든 시민을 대표하여 정부가 기록을 유지·관리해야 한다는 이상은 미국 건국 과정 초기에 표명되어 미합중국 최상위의 권위로부터 인정받았다.

　이러한 공공기록 관리전통을 보완하는 것으로서 18세기 후반에서 19세기초에는 **역사기록 관리 전통**(historical manuscripts tradition)의 흐름이 나타났다. 추측컨대, 단지 역사를 만들어 왔다는 생각에서 비롯되어, 독립혁명세대 중 한 사람이 말한 것처럼 '당대의 기록을 후대에 전하여 보존'하기 위한 목적의 역사협회(historical society) 설립이 착수되었다. 그 효시인 매사추세츠 역사협회는 1791년에 구성되었고, 그 후 과거를 이해하고 연구하는데 유용한 증거서류나 기록을 수집하는 주·지역(local)·전국 단위 수백 개 조직이 그 뒤를 이었다. 많은 역사협회가 공적 기록도 수집했으나 초점은 개인의 사적 문서에 맞췄다. 즉 역사협회의 주요 목적은 위대한 인물의 크고 작은 행위의 증거들을 보존하는데 있었다. 초기 역사협회는 매뉴스크립트와 서류 외에도 물건·공예품·과학실험 표본과 같은 다양한 물건도 수집했다. 그렇지만 협회의 궁극적인 목표는 역사 연구와 관련하여 이해를 증진할 수 있는 기록을 보존하는 데 있었다. 더 이상 활용되지 않는 서류 컬렉션이 비록 현재에는 영향을 미칠 수 없을지라도 그 기록에 담

긴 내용이 과거를 이해하는데 중요하기 때문에 분명한 가치를 지니는 것이었다.30)

미국에서 역사 기록의 보존을 위한 초기 노력에는 두 가지의 접근방식이 존재하였다. 첫 번째는 단순히 발굴할 수 있는 기록은 무엇이든 모아서 보존하는 것이었다. 1812년 매사추세츠의 우스터(Worcester)에서 결성된 미국 수집가협회(American Antiquarian Society)는 단체의 사명을 역사적으로 가치 있는 자료의 '보관을 위해 항구적으로 확정된 곳'을 마련하는 것으로 간주하였다. 몇 년 후 오하이오의 한 작은 협회는 소장하고 있는 기록을 '일목요연하게 번호를 붙이고 그 색인을 만들어 열어보지 않아도 각 상자에 무엇이 들어있는 지 알 수 있게 한 밀폐된 금속상자에 넣음으로써' 자신의 임무가 완전하게 수행되었다고 보았다. 미국의 역사가들은 초기부터 이렇게 모아 놓은 컬렉션 속에서 자신의 연구에 필요한 원본 문서를 찾는 방법을 익혔다. 1822년 젊은 시절의 조지 벤크로프트(George Bancroft)는 유럽에서 미국 역사와 미국의 저명한 인물에 대한 연구에 기록 자료를 증거로 활용하는 방법을 배워 왔는데, 이는 신속하게 같은 시대의 다른 학자들에게 전파되었다. 1880년대 존스 홉킨스(Johns Hopkins) 대학의 허버트 벡스터 애덤스(Herbert Bexter Adams)는 역사학이라는 학문을 확고한 사료 비판의 근거가 뒷받침된 범위에서만 유효한 것으로 인정하는 '과학적' 역사학자 세대로 훈련받았다.31)

역사기록 관리전통 속에서 기록을 보존하는 두 번째 접근방식에 속하는 것은 해당 기록의 텍스트 편찬이다. 보호하기 좋고 잘 관리할 수 있도록 기록을 모아놓는 것이 가장 중요하지만 그럼에도 불구하고 사고나 자연재해로 인해 기록을 잃게 될 우려는 여전히 남았다. 어찌되었든지 출판을 통해서는 원본기록 그 자체가 없어지더라도 기록에 담긴 가치 있는 정보를 보존할 수는 있으므로 이는 원본 기록이 파손될 경우에 대비하는 가장 효과적인 방책이 될 수 있었다. 매사추세츠 역사협회는 1806년 소장 컬렉

---

30) 역사협회의 기원에 대한 개설로는 Leslie W. Dunlap, *American Historical Societies, 1790-1860* (Madison: Privately Printed, 1944) 및 Walter Muir Whitehill, *Independent Historical Societies*(Boston: Boston Athenaeum, 1962)을 보라. 역사협회의 수집 충동에 관한 흥미있는 해석으로는 Henry D. Shapiro, "Putting the Past Under Glass: Preservation and the Idea of History in the Mid-Nineteenth Century," *Prospects: An Annual of American Cultural Studies* 10(1985): 243-278쪽을 들 수 있다.

31) American Antiquarian Society, *Archaeologia Americana: Transactions and Collections of the American Antiquarian Society*(Worcester, 1820) 1: 18; Logan Historical Society statement, quoted in Dunlap, *American Historical Societies*, 142. 미국의 역사문헌 및 자료활용의 기원에 관해서는 Richard Hofstadter, *The Progressive Historians: Turner, Beard, Parrington*(New York: Random House, 1968), 특히 제1장 Historical Writing Before Turner를 보라.

기록편찬에 관한 개척자, 제이레드 스팍스(Jared Sparks)
(Harvard University Archives 제공)

션의 출판 계획에 착수하면서 "역사 기록이나 자료를 보존하는 확실한 방법은 **사본을 늘리는 것** 이외에는 없다"라고 공언하였다. 이로 인해 인쇄기가 가장 유용한 보존 수단이 되어 적지 않은 노력이 역사기록 편찬에 투여되었다. 1790년대 필라델피아에서는 에베니져 해저드(Ebenezer Hazard)32)가 두 권의 사료집을 펴냈고, 그 다음 세대였던 피터 포스(Peter Force)33)는 적지 않은 분량의 *Tracts*와 *American Archives* 시리즈의 간행을 주관했다. 마찬가지로 하바드대학 총장을 역임한 제이레드 스팍스(Jared Sparks)34)도 1830년대 조지 워싱턴의 서신집, 벤자민 프랭클린 문서집, 독립전쟁기 외교문서집 등을 만들어내면서 이러한 움직임에 기여하였다. 이외 다른 많은 학자들이 기록을 자료집으로 편찬하였는데 역사적인 문서를 주의 깊게 편집하여 간행하는 전통은 오늘날에도 남아 있다.35)

---

32) 필라델피아 출신의 공무원이자 역사가(1744~1817). 뉴욕에서 출판업을 하다가 1775년 식민지 하 뉴욕시 우체국장을 시작으로 주로 우편업무에 관한 공직에 있었다. 1792년에서 94년에 걸쳐 Historical Collections 두 권을 출간했다. 〔역주〕

33) 뉴저지 출신 저널리스트이자 역사가(1790~1868). 1836년에서 40년까지 워싱턴 시의회 의장과 시장 등을 지낸 그는 *the National Journal*을 창간했다. 그는 역사통계연감인 *National Calendar*를 펴내기도 했다. 4권 분량의 희귀문서집을 간행하는 등 주로 북아메리카 식민지의 기원, 정착, 발전과 관련된 소책자와 기타 문서를 출간했다. 그가 의회로부터 미국 초기역사에 관한 사료집 출간계획을 추진하였으나 완결되지 못하고 1774년에서 76년까지 포괄하는 9권 분량의 *American Archives*가 출간되었다. 포괄연도는 짧으나 이 사료집은 미국독립혁명사 연구에 필수 자료가 되었으며 포스의 컬렉션은 이후 미 의회도서관이 사들였다. 〔역주〕

34) 코네티컷 출신 역사가이자 교육자(1789~1866). 하바드대학에서 신학, 수학, 자연철학 등을 공부한 그는 1824년 *North American Review*를 인수하여 직접 편집하였고, 1930년에는 *American Almanac and Repository of Useful Knowledge*를 창간하였다. 1838년에서 46년까지 하바드 역사학 교수, 1849년에서 53년까지는 하바드대 총장을 역임했다. 그는 12권의 <미국 독립혁명기 외교 서신집(*The Diplomatic Correspondence of the American Revolution*)>, 12권의 <조지워싱턴문서집(*The Writings of George Washington*)>, 10권의 <벤자민프랭클린저작집(*The Works of Benjamin Franklin*)> 등을 펴냈다. 〔역주〕

19세기 전반에 걸쳐 나타난 수집 사료를 발간하는 활동은 전반적으로 공공기록의 보존관리보다 더 나은 성과를 보였다. 타운이나 카운티 등 지방행정조직과 각급 법원의 서기, 주 장관, 기타 정부기관장 등의 공무원은 정부조직 내에서 기록을 유지하고 관리해야 할 책임을 진 사람들이었다. 그들은 기록을 수집해 관리했지만 그것은 그들이 해야 할 많은 직무들 중 하나에 불과했다. 그 결과 오래되고 회고적이며 당장 쓸 일이 적은 기록에 대한 관심은 대개 현재 진행중인 업무에 필요한 기록을 적절하게 관리해야 하는 보다 시급하게 닥친 일보다 뒷전으로 밀려나게 마련이었다. 대체로 공공기록을 영구보존해야 한다는 것이 일반적인 기대였으나 특정하게 기록을 관리하는데 투여된 재원은 적은 경우가 흔했다. 아울러 구체적인 기록관리 훈련이나 직원 양성도 체계적이지 못했다. 아키비스트라는 말이 적절하지 않을 수도 있지만, 이러한 이유 때문에 이 시대 대부분의 공공분야 '아키비스트'는 대개 기록관리와 관련하여 사전에 얻은 경험에 의해서가 아니라 그저 다른 행정업무를 하다가 그대로 기록관리와 관련된 일을 맡게 되는 경우가 많았다.

이에 비해 역사기록 관리전통에 속한 기록 보관자(the custodian)들은 역사 연구에 대한 흥미를 가지고 자신이 하는 일에 접근했다. 이에 따라 이들의 사고 속에는 연구를 위한 충분한 원본 자료의 필요성에 대한 고려가 이미 충분하게 형성되어 있었다. 더 나아가 이들은 자신들이 역사협회나 연구기관처럼 아카이브 보존관리를 이미 당연하게 받아들였던 환경에 적합하다고 보았고 실제로도 그것이 그들이 하는 일의 중심에 있었다. 기록을 보존하고 활용하는 것은 전체 속에 같이 포괄되는 것으로 여겼기 때문에 그들에게 있어 역사를 연구하는 일과 기록을 관리하는 작업 사이의 간격은 분명한 것도 또 그렇게 중요한 것도 아니었다. 이런 상황에서 매뉴스크립트 큐레이터는 꼼꼼하게 역사기록을 수집·보존하여 편찬하는 것은 이용을 위해서이고 여기에는 이따금 큐레이터 자신의 이용도 포함되어 있다고 받아들였다. 따라서 역사기록 관리 환경에서 아키비스트가 —이 경우도 아키비스트라는 말이 꼭 적절하지는 않지만— 준비해야 할 최선은 역사의 연구와 저술에 있었다.

---

35) Massachusetts Historical Society, *Collections* 1(Boston, 1803): 3. 역사적 편집 및 출간의 기원에 관한 유용한 설명으로는 Daniel J. Boorstin, *The Americans: The National Experience*(New York: Random House, 1965), 345-349쪽 및 368-369쪽을 들 수 있다.

## 2.3 기록전문직의 출현

19세기 말 전문 역사연구자가 급속하게 늘어나면서 사료의 관리에도 커다란 관심이 나타났다. 이를 통해 미국에서는 마침내 기록을 다루는 분명하게 구별되는 전문직이 형성되었다. 도금시대(Gilded Age)[36]에 있어 역사학은 활발한 학문분야로서 분명한 활력과 성장을 보였다. 미국의 역사가들은 독일 역사연구에서 나온 모토대로 역사에서 '실제로 일어난 게 무엇인지(*wie es eigentlich gewesen*)'를 단정할 수 있는 1차 자료에 대한 세밀하고 비판적인 검증을 요구한 엄격한 유럽식 대학원교육과 학문연구방법이 도입되는 가운데 유럽의 영향을 깊게 받고 있었다. 1884년 설립된 미국역사학회(AHA: American Historical Association)는 이와 관련있는 목적을 추구했으며 이에 따라 세기가 바뀌기 직전, 엄밀한 의미에서의 기록 문제에 특별한 관심을 쏟으려는 노력이 시작되었다.

AHA는 오랫동안 카네기재단 역사연구분과의 장을 지낸 프랭클린 제임슨(J. Franklin Jameson)[37]의 주도로 역사기록위원회(Historical Manuscripts Commission)를 설치해 우선적으로 역사연구에 필요한 원본 자료를 발굴하고자 노력하였다.

역사협회 설립을 촉진하고 미국역사협회 의장을 지낸 프랭클린 제임슨(J. Franklin Jameson) (National Archives and Records Administration)

---

36) 마크 트웨인의 소설 제목에서 유래한 것으로 1865년에서 1890년경에 이르는 시기를 의미한다. 소설 <도금시대>는 남북전쟁 후의 미국사회를 농업국에서 공업국으로 변화하는 과정에서 나타난 황금만능주의와 각종 사회적 부정이 속출하는 시대로 묘사하였는데 이것이 이 시기에 대한 성격을 담은 역사적 용어로서 정착되었다. 〔역주〕

37) 매사추세츠 출신 역사가(1859-1937). 존스홉킨스 대학과 브라운 대학에서 교수를 거쳐 카네기 연구소 역사연구분과장(1905-28)을 역임했으며, 1928년부터 사망시까지 의회도서관 매뉴스크립트 관리과장을 지냈다. 또한 *Dictionary of American Biography* 관리위원회 의장으로서 많은 중요한 업적을 남긴 그는 미국 역사학계에 커다란 영향력을 행사하였다. 편저로는 *The History of Historical Writing in America*(1891), *The American Revolution Considered as a Social Movement*(1926), *Correspondence of John C. Calhoun*(1900) 등이 있다. 〔역주〕

그런데 이런 노력은 시작되자마자 생각보다 더욱 복잡한 일이었음이 드러났다. 각 역사협회나 개인수집가들을 상대로 한 서면조사에서 쓸만한 답신을 얻어내는 것은 어려운 일이었고 '일부 역사협회가 소장 기록을 공개하지 않으려는 의중을 표명한 것' 역시 위원회를 암담하게 만들었다. 게다가 위원회 성원들은 '잘 편집된 중요 사료집 한 권을 보여주는 것만큼 수집가나 소유자의 신뢰를 얻을 수 있는 방법은 없다'고 주장하면서 수집이라는 보다 근본적인 문제를 해결하는 것으로서의 기록 출간을 역설했다. 그에 따라 위원회 성원들은 역사기록 전체를 관리하는 문제를 이해하기 위한 충분하고 전반적인 기초 연구에 전념하기에 앞서 기록 편찬에 강조점을 두면서 쉽사리 본 궤도에서 이탈하였다. 초기에 존 콜훈(John C. Calhoun) 문서의 발간은 이같은 현상이 빚어낸 결과였다. 의회도서관이 소장 원본 문서를 조직하려는 노력에서 긍정적인 진척을 보이고 있었지만 사적 기록의 관리는 여전히 분산되어 협력이 부족한 채로 남아 있었다.38)

유망한 출범은 아니었지만, 역사기록위원회는 AHA가 1899년 산하에 보다 특화된 또 다른 기구인 공공기록위원회(Public Archives Commission)의 구성을 촉진하는데 분명한 영향을 미쳤다는 점에서 또다른 의미를 지닌다. 공공기록위원회는 정부기록관리라는 특정 문제에 관한 계획에 전념하여 단지 어떤 기록이 있는지를 확인하는데 그치는 것이 아니라 거의 모든 주의 역사가와 기타 이해관계가 있는 시민들 사이의 네트워크를 통해 보다 양호한 기록 관리를 장려하면서 그 전신인 역사기록위원회에 비해 좀더 활발하게 활동하였다. 진보시대(Progressive Era)39)를 거치는 동안 이런 노력은 줄곧 과학적 기록관리의 효율성에 대한 관심을 불러 일으켰다. 각 정부위원회는 대체로 양호하게 관리된 기록이 건실한 행정의 관건이라는 가정 하에 갑자기 늘어난 문서 전반에 걸친 통제를 개선할 방안을 찾는 커다란 과제를 연구하기에 바빴다. 마침내 공공기록위원회는 뉴욕 시와 필라델피아만이 아니라 30개 주의 아카이브에 관해 조사를 진행하여 보고서를 작성하였고 그렇게 하는 가운데 위원회는 아카이브 관리에 관한 입법을 위한 유력한 로비조직이 되었다. 기록관리 업무를 위한 표준지침서로 쓰여지도록 할 목적에서 '경제적인 기록관리를 위한 편람(manual of archival economy)'을 만드는 작

---

38) 역사기록위원회의 초기 작업에 관해서는 1896년 AHA연차보고서를 보라. 위의 인용은 1900년 연차보고서(1:589)에 의한 것이다. AHA의 초기 및 그 후속 작업에 관한 유용한 설명은 Richard C. Berner, *Archival Theory and Practice in the United States: A Historical Analysis*(Seattle: University of Washington Press, 1983), 특히 11-23쪽을 보라.

39) 1890년대에서 1920년대를 의미하는데 남북전쟁 후 도시화, 공업화, 농업기계화 등 미국사회 전반에 걸친 산업화에 따른 발전이 나타난 것을 일러 붙여진 것이다. 〔역주〕

1906년 건립된 하와이 기록관의 원래 건물(Hawaii State Archives)

업이 착수되었지만 유감스럽게도 이 편람은 완성되지 못했다. 무엇보다도 가장 중요한 것은 공공기록위원회가 1909년 AHA 산하에 아키비스트협의회(Conference of Archivists)라는 조직이 만들어지도록 한 것이었는데 이후 이 협의체는 기록관리 전문직의 활동 중심지가 되었다.40)

공공기록위원회는 미국에서 새롭게 발생한 기록관리 활동이 촉진되도록 하였고 그 결과 많은 주에서 기록관리 프로그램이 현실화되었다. 공공기관 스스로가 기록을 관리할 책임을 져야 한다는 생각은 미국 남부(Deep South)가41) 앞장서서 실천하였다. 1901년 처음으로 알라바마 주에 주 역사기록관리 부서가 설치되었고 1년 뒤 미시시피주가 이 움직임을 이어 받았다. 1910년까지 남부와 중서부의 다른 지역도 이러한 움직임을 이어갔다. 한편 하와이에는 하와이가 정식 주로서의 지위를 획득한 1956년보다 50년이나 전인 1906년에 미국 통치지역에서는 최초로 기록관 설비로 특별히 설계된 건물이 지어졌다. 이런 노력들에 의해 공공기록 관리운동은 더 큰 힘을 얻게 되었고, 한편으로 기록을 어떻게 조직하고 관리해야 하는지에 관한 기법을 담은 출판물도 다수 출간되었다. 특히 이들 주립기록관은 주 기록을 융통성 있으면서도 적절하게 관리하기 위해 주제분석에 기초한 분류표를 포기하고 대신 주의 행정조직에 의존할 필요가 있다는 것을 깨닫게 되었다.42)

AHA 산하의 아키비스트협의회는 이런 고무적인 발전 속에 자신이 해야 할 일을 계

---

40) 공공기록위원회의 활동연표는 1900년 이래 AHA 연례보고서에 실려 있다. 그 개요에 관해서는 Victor H. Palsits, "An Historical Resume of the Public Archives Commission from 1899 to 1921," AHA, *Annual Report*, 1922 (Washington, D.C.: Government Printing Office, 1926) 1:152-160쪽을 보라. Bess Glenn, "The Taft Commission and the Government's Records Practices," *American Archivist* 21(1958) : 277-303쪽을 보라.

41) 미 남부에 있는 조지아, 알라바마, 루이지아나, 미시시피 등의 주를 말한다. 〔역주〕

42) 미국의 공공기록관의 기원과 정책에 관한 가장 유익한 연구는 여전히 Ernst Posner, *American State Archives*(Chicago: University of Chicago Press, 1964)이다. 아울러 Berner, *Archival Theory and Practice*, 13-16쪽도 보라.

속 진행하였으며 아직 기록관이 없는 곳에 그것의 설립을 촉진하는데 관심을 기울였다. 이와 관련하여 그 중요성 면에서나 규모 면에서 연방정부의 기록을 관리할 국립기록관이 없다는 것은 미국의 기록관리기관 현황에 있어 가장 분명한 결함이었다. 적어도 1880년이래 역사가들은 국립 기록관리기관이 필요하다고 인식하고 있었고 그로 인한 문제를 해결하기 위해 노력했다. 타인(C. H. Van Tyne)과 르랜드(Waldo G. Leland)는 1904년 <미정부기록가이드(*Guide to the Archives of the Government of the United States*)>를 펴내기도 했다. 그렇지만 이들의 노력의 결과는 연방정부의 기록이 얼마나 흩어져 있고 비조직되어 있는지를 더 두드러지게 할 뿐이었다. 명실상부한 국립기록관 설립에 대한 주장은 매사에 의욕적이며 지칠 줄 몰랐던 제임슨에 의해 줄곧 제기되었다. 그는 대통령이 바뀔 때마다 또, 국회가 새로 구성될 때마다 기록관 설립을 위한 재원을 확보할 수 있는 의안을 제출하도록 로비를 벌였는데, 마침내 1차대전과 2차대전 사이의 시기에 이런 노력은 결실을 맺었다.[43]

## 2.4 중요한 시기로서의 1930년대

흔히 입법자들은 국립기록관을 국가기록관리에 관한 하나의 제도라기보다는 단지 건물로 이해하였다. 그리하여 1926년 연방기록을 보존할 부지 선정 및 건물 건축에 관한 예산이 의회에서 승인되는 가운데 고무적인 출발이 시작되었다. 국립기록관 설립사업은 느리게 진척되어 1933년까지 정초식을 치르지 못했다. 그렇지만 그 무렵 국립기록관 건물에서 이루어질 업무와 거기에 보관할 기록에 관한 관심이 대두되었다. 그리하여 뉴딜정책과 관련된 입법안이 의회에 쇄도하고 있었던 1934년, 국립기록관을 대통령에게 직접 보고하도록 하는 독립 연방기관으로 설치하는 법안이 의회를 통과하였다. 역사자료의 열렬한 독자로서 국립기록관의 설립을 간절히 바랬던 당시 대통령 프랭클린 루즈벨트(Franklin Roosevelt)는 그 해 말 초대 국립기록관장(archivist of the United States)에 노스캐롤라이나 대학의 역사학교수 로버트 코너(Robert D. W. Connor)를 임명하였다. 이로써 마침내 미국은 국가기록 관리 제도의 정점으로서 그 이론과 실무의 발전을 주도할 수 있는 기관을 갖게 된 것이다.[44]

---

43) Victor Gondos, Jr., *J. Franklin Jameson and the Birth of the National Archives,* 1906-1926, (Philadelphia: University of Pennsylvania Press, 1981).

44) 미 국립기록관의 설립기와 초기에 관해서는 Donald R. McCoy, *The National Archives: America's*

1937년 워싱턴D.C. 메이플라워 호텔에서 열린 미국 아키비스트협회 연차회의(SAA Archives, University of Wisconsin Madison)

이와 함께 또 다른 중요한 움직임으로서 미국의 아키비스트들이 별도의 전문가 조직을 결성하려는 운동이 결실을 맺었다. 아키비스트협의회는 AHA대회를 기하여 모임을 매년 지속적으로 갖고 있었지만 협의회에 참석한 대다수 아키비스트들은 그들만의 별도 협회가 필요하다고 깨닫기 시작했다. 어떤 결론에 도달하는데 필요한 '의미 있는 다수'를 형성할만한 현직 아키비스트의 수만이 아니라 명확한 기술상의 문제도 주의를 기울여야 할 관심 대상으로 대두되었다. 역사 연구에서는 필연적으로 계속적인 기록의 활용이나 해석에 초점을 맞추기 마련이었지만 아키비스트는 다음과 같은 좀더 근본적인 의문을 자신이 해야 할 일과 연관지었던 것이다. 즉, 어떻게 기록을 확인하여 모으고 또 조직하는 것이 기록을 활용하고 해석하는데 있어서의 최선의 방법이 될 것인가라는 것이 그것이다. 이러한 점이 각각 보다 명확하게 전문화되어야 할 필요성을 느끼면서 전문직으로서의 이해관계가 분화되어 갔다.

1936년 12월 로드아일랜드 주의 프로비던스(Providence)에서 일군의 아키비스트이 모임을 가졌는데, 이 회의는 곧 미국 아키비스트협회(SAA: The Society of American Archivists)로 발전하였다. 협회는 규모가 큰 기록관리기관의 대표만을 회원으로 받아들인다는 초기 제안을 기각하고 '공사기록(公私記錄)의 관리 및 보관에 종사하고 있는 사람'이라면 누구나 가입을 환영하는 보다 민주적인 조직방식을 채택하였다. 1937년

---

*Ministry of Documents*, 1934-1968(Chapel Hill: University of North Carolina Press, 1978) 3-91쪽에 기술되어 있다.

SAA는 처음으로 독자적인 연차대회를 소집하였는데 이후 이 회의는 매년 개최되는 유일하고 가장 중요한 아키비스트들의 모임이 되었다. 다른 전문가 조직과 비교할 때 SAA대회는 초기부터 전문직으로서의 선명한 연대의식 속에 회원 전체의 과반수를 넘는 높은 참석률을 보였다. SAA는 1938년 계간지 *The American Archivist*를 발간함으로써 전문직으로서의 정체성을 증진하고 발전시키는 중요한 다음 행보를 내딛었다. 후에 SAA 역대 여러 의장들은 이 조직의 발상지인 로드아일랜드 프로비던스를 염두에 두고 이 협회의 성공을 '신[45)의 축복'에 비유하기도 하였다.[46)]

1930년대가 기록전문직의 발전에 있어 매우 중요한 10년으로 자리매김된 세 번째 요인은 WPA(Works Progress Administration)[47)의] HRS(Historical Records Survey)와 관계된 진전에 따른 것이었다. WPA는 뉴딜정책의 일환으로 실업률을 낮추기 위해 학문연구작업과 연관된 공공 일자리를 창출했다. 그 중에는 사설 기록관을 포함해 주 정부와 지방 정부의 역사 기록을 조사하는 계획도 포함되어 있었다. HRS는 1933년 말 처음 조직된 이래 각 기록관이 소장한 기록을 확인하고 때로는 특정 컬렉션에 대한 개괄적인 가이드나 검색도구를 만들도록 하기 위해 기록관리 분야의 작업팀을 모든 종류의 기록관에 파견해 왔었다.

대개 전국의 카운티 중 90퍼센트 이상을 조사 대상으로 포함하여 주로 공공기록을 관리하는 기관에 대부분의 초점이 맞춰졌지만 그 외 다른 종류의 기록을 보관한 기관도 조사대상에서 제외되지는 않았다. 어떤 주에서는 교회기록에 우선 순위가 두어졌는가 하면 다른 곳에서는 물리적으로 상태가 악화된 기록을 마이크로필름으로 촬영하는 일에 중점이 두어지기도 했다. 역사기록 조사계획은 애초에 조사결과를 출판한다는 야심 있는 계획하에 착수된 것이었으나 30년대 말 출간된 결과는 산발적이며 애초 의도한 것만큼 광범위하지는 못했다는 결론이 내려졌다. 그렇더라도 많은 주에 남아 있었던 조사서 원본은

---

45) 'Providence'라는 말이 지명이자 동시에 '신'이라는 뜻을 내포한 것이다. 〔역주〕

46) Cook, "Blessings of Providence," 374-399. 이 글에는 출범부터 1970년대까지 SAA의 역사가 잘 개관되어 있다.

47) WPA는 루즈벨트대통령의 행정명령으로 1935년 설치되어 1939년 Federal Works Agency에 소속되면서 Work Project Administration으로 개편되었다. WPA는 만연한 실업상태를 해소하기 위해 공공사업에서의 인력고용을 계획하였다. WPA 건설프로젝트에 따라 11만6천여 개 건물과 7만8천여 개 다리, 104만7천여 킬로미터의 도로, 800여 개 공항의 건설이 계획되었다. 이 같은 건설사업 외에도 예술·문예창작, 교육분야 등에도 광범위한 일자리 창출계획이 실행되었는데 그 일환으로 각 주와 지역에 관한 편람 편찬사업에 많은 수의 작가들이 고용되기도 했다. WPA은 가장 절정기에는 약 3천5백만명에게 임금을 지불하고 있었고, 총 고용인원은 약 8천5백만명 그 예산은 거의 110억 달러에 달했다. 1943년 6월 폐지되었다. 〔역주〕

마가렛 크로스 노턴(Magaret Cross Norton) (SAA Archives, University of Wisconsin Madison)

조사 당시의 각 기록물의 현황에 관한 '단편(snapshot)'을 담고 있어서 이후 기록관리 작업에서 하나의 길잡이 역할을 했다. 프로젝트의 취지에 따라 HRS 사업의 가장 중요한 목적은 기록의 관리 상태를 증진하는 것이었다기보다는 그런 작업에 사람들을 투입하려는데 있었음은 물론이다. 그렇지만 기록관리에 관한 목적 또한 이룰 수 있었으며 그와 함께 움트기 시작한 새로운 아키비스트 세대가 등장해 이들이 실제 경험을 쌓으며 전문직 영역으로 진입하는 예기치 못한 결과도 수반되었다.[48]

이 과정에서 나중에 미국 아키비스트 제1세대로 알려진 사람들이 국립기록관이나 기타 다른 기록관에서 기록관리에 관한 이론을 정립하여 그것을 현대 기록관리라는 특정 문제에 적용하려고 시도하였다. 1930년대를 거치는 동안 그러한 현대 기록들이 무의 상태에서 방대한 국가기록물 컬렉션으로 구축되어 가고 있었기 때문에 이들 아키비스트들은 많은 양의 기록을 효과적으로 수집하고 조직해야 할 방도를 찾아야만 했다. 당시로서는 유럽으로부터 온 믿을 만한 몇몇 이론이 있기는 했지만 미국의 아키비스트는 그 이론들이 미국의 상황에서도 역시 적절한 것인지 판단해야 했다. 미국 아키비스트가 자신이 하는 일의 표준으로 삼았던 것은 영국 최고의 아키비스트였던 젠킨슨(Hilary Jenkinson)경의 주장과 뮬러(Samuel Muller), 페이스(J. A. Feith), 프루인(Robert Fruin) 등 세 명의 네덜란드 아키비스트가 1898년 공동 저술한 <기록 분류·기술 편람(*Manual for the Arrangement and Description of Archives*)>에 담긴 원칙이었다. 기록을 조직하는 가장 확실한 길잡이는 기록이 만들어진 행정조직의 구조이며 이에 직접적으

---

48) HRS에 관한 통사는 William F. McDonald, *Federal Relief Administration and the Arts*(Columbus: Ohio State University Press, 1969) 751-828쪽을 참조하라. 역사기록 조사에 관한 아쉬운 측면에 관해서는 Leonard Rapport, "Dumped From a Wharf into Casco Bay: The Historical Records Survey Revisited," *American Archivist* 37(1974): 201-210 및 Loretta L. Hefner, comp., *The WPA Historical Records Survey: A Guide to the Unpublished Inventories, Indexes and Transcripts*(Chicago: SAA, 1980)를 보라.

로 주목해야 한다는 것이 이 원칙들
이 제시한 내용이었다.

　미국 아키비스트는 이 이론들을
습득하여 실제 업무에 폭넓게 적용
하고자 했다. 30년 넘게 일리노이
주의 아키비스트였던 마가렛 노턴
(Margaret C. Norton)은 매우 분명하
게 기록 관리에서 행정의 중요성을
역설하였다. 그녀는 같은 일에 종사
하는 동료들에게 기록을 관리하는
직업에는 일부 소수에 해당하는 역
사학 연구를 위한 고려보다 더 많은
사항이 포함되어 있다는 점을 거의
혼자 힘으로 이해시키려고 노력했다.
행정을 위한 유용성에는 행정적인
접근방식이 필요했다. 국립기록관에

T. R. 쉘렌버그(Schellenberg) (SAA Archives, University of Wisconsin Madison)

서는 캔사스 출신 역사가이자 국립공원관리국(National Park Service)에서도 일한 바 있는
쉘렌버그(T. S. Schellenberg)와 저명한 시인과 판사와 동명이인으로서 역시 역사를 전공
했던 홈즈(Oliver Wendell Holmes)의 주도로 국립기록관이 있는 워싱턴만이 아니라 더
넓은 지역에서 활용하는 유용한 개념이 된 레코드그룹이나 시리즈 같은 현대 기록관
리 관념이 성립되었다. 초기 아키비스트들은 이 기록물 정리방식을 통해서 특정 대통령
의 행정부에 의한 구분에 상관없이 기록을 구조적으로 파악하는 방법을 정립하게 되었
다. 그리고 현대기록을 구조적으로 접근하려는 태도는 모든 아키비스트가 보이는 특성
이 되었다. 구조적 접근방식은 원래 정부기록을 조직하기 위해 도입하려 한 것이었지만
이에 한정되지 않고 학교·종교단체·회사 등에도 적용될 수 있는 탄력적인 것임이 곧
입증되었다. 유럽의 원칙을 미국에 적용고자 한 쉘렌버그의 논문이 처음 공개된 것은
1939년 국립기록관 직원용 회보였지만 그 영향은 오래 광범위하게 지속되었다.49)

---

49) 노턴의 생애에 관한 개요와 주요 저술에 관해서는 Thornton W. Mitchell, ed., *Norton on Archives:
The Writings of Margaret Cross Norton on Archival and Records Management*(Carbondale: Southern Illinois
University Press, 1975)를 보라. 초기 국립기록관에서 이루어진 이론작업은 Ernst Posner, "The

## 2.5 분화와 발전

제2차 세계대전 이후 미국의 기록관은 그 성격상의 분화가 진행되었다. 기록관의 수는 일정비율로 증가하고 있었는데 기존 통념으로는 믿기 어려울 만큼 어려운 조직적 환경에서 새로운 기록관들이 생겨났다. 이와 동시에 다수의 '핵심' 기록과 기록관리 이론발달을 담보할 주체가 성장함으로써 기록관리 전문직의 지적 영역 역시 확대되었다. 아키비스트가 수행하는 업무가 점차 복잡해지고 중요시되고 있는 상황이었던 만큼 큰 틀에서의 전문화는 필요했고 또 가능하기도 했다.

1950 · 60년대 동안 가장 두드러진 전문화 경향은 활용기록과 비활용기록의 관리를 구별하는 것이었다. 정부활동의 증가와 전시수요 확대로 인한 생산기록 종류와 양의 막대한 팽창은 공공기록과 함께 사적으로 생산된 기록을 포함한 기록물 전반에 영향을 미쳤다. 다양한 종류로 산더미같이 쌓여 있는 기록물 더미 문제에 대처하기 위해서는 기록이 기록관으로 보내지기 오래 전부터 현용중인 기록 전반에 일정한 통제수단을 취하는 것이 필요하였다. 또한 기록의 양이 늘어나면서 모든 기록을 보존하는 것이 불가능해졌기 때문에 아키비스트는 소장할 기록을 선별하는데 보다 많은 시간을 할애할 수밖에 없게 되었다. 전체를 보존하는 것은 단순히 짧은 시간에 보관 공간이나 재원을 고갈

관리해야 할 레코드로 어지럽게 채워진 사무실(David Scott, Husky Photos)

---

National Archives and the Archival Theorist," *American Archivist* 18(1955): 207-216 ; McCoy, *National Archives*, 105-189 ; Jane F. Smith, "Theodore R. Schellenberg: Americanizer and Popularizer," *American Archivist* 44(1981): 313-326 등을 참조할 수 있다. 쉘렌버그의 "European Archival Principles in Arranging Records"는 *Staff Information Circular* No. 5(Washington: National Archives, 1939)에 실렸으며, 이는 또한 그의 저작 *Modern Archives: Principles and Techniques*(Chicago: University of Chicago Press, 1956), 133-160쪽에도 들어있다. 홈즈가 수행한 중요 작업은 일정기간 활자화되지 않았다가 1964년 *American Archivist* 27호에 "Archival Arrangement: Five Different Operations at Five Different Levels"가 실렸다(21-41). 뮐러, 페이스, 프루인이 저술한 편람의 미국판은 Arthur W. Leavitt의 번역으로 1940년 H. W. Wilson Company에서 출간되었다.

시키는 문제만을 야기하는 것은 아니었다. 다른 한편으로 그것은 소장기록을 파악하고 조직하는 지적 차원까지 문제를 가중시키는 것이기도 하였다. 일상적인 수발신 문서·송장·중복된 회계보고서·사본·취소수표 따위의 모든 기록을 보존해야 할 기록에 포함시키는 것은 필요 없는 쌀겨더미에 소중한 낟알을 함께 뒤섞어 놓는 격이었다. 한편 독자적인 전문성을 갖춘 기록관리 전문직의 성장은 기록관리를 계획화하여 합리적이며 일관된 표준을 거기에 적용시켜야 한다는 요구가 대두되는 계기가 되었다. 많은 양의 생산 기록 중에서 계속적으로 가치 있는 기록이 남는 것은 우연하고 임의적인 과정이 아니므로 무엇을 가치있는 기록으로 남길 것인가를 결정하는 데에는 일관성 있는 기준이 적용되어야 했다. 당시까지 아키비스트는 국립기록관이나 기타 다른 신설 조직의 기록관을 막론하고 우연하게 남겨진 기록을 대상으로 일해 왔다. 자연스럽게 이들은 보존기록을 선별하는데서 이처럼 우연히 차지하고 있었던 역할을 줄이려 하였고, 그렇게 함으로써 미래의 아키비스트들이 자신들이 처했던 문제에 직면하지 않게 될 것을 기대했다.

그 결과 기록관리업무(archives and records work)의 하부분야로서 레코드 관리업무가 출현했다. SAA는 기록자료감축위원회(Committee on the Reduction of Archival Material)를 구성하여 기록된 정보의 질은 유지하면서도 그 양은 줄이기 위한 원칙과 절차를 명백히 하여 연방, 각 주, 민간 영역에서 성장하고 있었던 아키비스트들과 더불어 함께 일하고자 했다. 정부가 문서업무 감축에 관한 위원회를 구성하는 일이 정치 및 행정 영역에서는 별 성과도 없이 늘 되풀이되어 온 현상이었던 반면 회사나 그밖에 다른 민간 단체는 면밀하게 고안된 기록관리 계획을 통해서 실현될 수 있는 법적, 재정적 효율 등 기타 전반적인 효율성에 관심을 기울였다. 원래 SAA를 모태로 출발한 레코드매니저 그룹은 처음부터 자신들이 가진 이해가 역사 기록과 그것을 연구하는 전통과 관계를 맺어온 학문적 관심의 아키비스트와는 구별된다고 인식하기 시작했다. 이에 따라 1956년 레코드관리 전문가 집단의 필요성을 천명하면서 SAA와는 별도 조직으로 미국 레코드관리협회(ARMA: American Records Management Association. 현 Association of Records Managers and Administrators의 전신으로서 두문자가 같음)가 결성되었다.[50]

---

50) 전문영역으로서의 분명한 정체성을 지닌 레코드 관리가 출현한 역사를 완전하게 다룬 글은 없다. 이에 대해 신진 기록학자들은 주목하라! 그나마 McCoy, *National Archives* 146-167 및 274-290 그리고 Frank B. Evans, "Archivists and Records Managers: Variations on a Theme," *American Archivist* 30(1967): 45-58쪽을 보라.

　분리에도 불구하고 많은 아키비스트는 기록관리업무(archival work)의 하위분야로서 레코드관리에 대한 관심이 증가하면서 오히려 자신의 문제를 풀어갈 많은 기회를 제공받기도 했다. 우선 레코드 중에서 궁극적인 보존대상을 확인하기 위한 수단을 체계화하려는 것은 좀더 완전하고 보다 나은 기록을 수집할 수 있도록 전망하는 것을 가능하게 했다. 아키비스트는 언제나 물리적인 측면과 지적인 측면 양자 모두에서 '좋은 자료'를 보존하고 '필요 없는 자료'를 없애는데 관심을 보여왔다. 그렇게 하기 위한 보다 구체적이며 정밀한 방법이 레코드 관리분야에서 제시되었던 것이다. 아키비스트는 레코드관리와 아카이브 관리를 단일한 계획으로 결합함으로써 정책결정권자에게 자신이 하는 일이 가치있고 유용하다는 점을 제기하는데 필요한 논거를 추가할 수 있게 되었다. 기록관은 현용 단계의 레코드 관리분야와 연계하면서 그 자체로는 훌륭한 것이더라도 실제 실무적 고려에서는 적합하지 않다고 단정될 수 있는 그래서, 우선 순위에 밀려 너무나 쉽게 예산이 삭감되기도 하는 순수 학문연구기관이라고 여겨지지 않게 되었다. 아키비스트는 기록관이 줄 수 있는 역사적·문화적 혜택에 레코드관리를 통한 행정적인 효율에 따른 이득을 더함으로써 자신들이 수립한 계획의 입지를 강화할 수 있다는 것을 깨달았던 것이다. 비록 국립기록청이 1985년 독립기관이 될 때까지 소속 총무청과 원만한 관계를 유지하지는 못했지만, 아키비스트는 1949년 정부조직개편위원회가 국립기록관을 연방정부의 총무기관인 총무청(General Services Administration) 산하에 두는 결정을 내리는 과정에서 레코드 관리와 아카이브 관리 사이의 긍정적 관계에 관한 논거를 훌륭하게 제시하였다. 그리고 총무기관의 소속으로서는 그 활동이 순탄치 못한 가운데서도 정부 안 밖에서 일하고 있었던 많은 아키비스트들은 오래된 기록과 현재 활용 중인 기록에 관한 고려사항을 결합하는데서 오는 이점을 인정하게 되었다.

　국립기록관 문제에도 불구하고 1950년대 이후에는 미국 각지에서의 기록전문직의 성장과 분화가 전반적으로는 만족스러운 결과를 낳았다. 그 시기 사살상 모든 주에서 어떤 종류든 기록관리에 관한 프로그램이 실행되었다. 당대 제일의 기록학 교육자였던 포스너(Ernst Posner)가 1964년 발표한 주립기록관에 관한 조사결과에 따르면 기록관리 프로그램에 대한 지원은 순탄치 못했고 기복도 심했다. 그렇지만 대체로 주 정부들의 기록관리에 관한 법적 근거는 유력하였다. 이와 함께 전후 고등교육 기회가 폭넓게 확대되는 시기 각 대학에는 특별한 기록물 컬렉션이나 희귀본과 함께 자기 대학의 행정기록을 대상으로 하는 공식 기록관리 프로그램이 성립되었다. 여성사, 이민과 민족, 국제관계 등 특정한 주제 영역에 초점을 맞춘 국가적 차원의 주요 연구컬렉션의 성립 역시 왕성하였다 예전에는 주로 주류 프로테스탄트 종파에 한정되었던 종교기록관이 1970년대에 들면 급속하게 다른 종파로 퍼져갔다. 새로 기록관들이 급속한 속도로 만들어지는 가운데 정통 프로테스탄트 교파와 더불어 로마카톨릭 교구와 수녀단에서 특히 그런 경향이 두드러졌다. 이와 함께 기업기록관에 관한 관심도 증가하였다. 기업기록관은 몇몇 큰 회사만이 아닌 중소회사로 확산되어 회사 업무의 지원과 홍보 및 광고 등 이익을 창출하는 분야 전반에 세워졌다.51)

　이러한 분화 덕분에 훨씬 많은 종류의 다양한 기록정보가 기록관의 관리아래 들어갔다. 다양한 유형의 기록관이 보다 세분화된 분야에 중점을 두고 기관의 관심과 재원이 집중됨으로써 수집범위가 좀더 분명해졌다. 몇 안되는 주립기록관이나 연구를 지향한 역사협회가 전부였던 초기 미국 기록관들의 수집범위는 부득이하게 제한적이었으며 전통적인 역사관에 좌우되었다. 다양한 기록관이 설립되기 이전 시기에 역사적으로 정당화된 것은 소수 엘리트 집단이었고 자연스럽게 이들만이 연구대상으로서 가치를 지니는 것으로 여겨졌다. 따라서 남겨서 조직할만한 가치가 있는 기록 역시 그러한 소수분자들의 문서라고 생각되었다. 예컨대 미국 독립혁명을 연구하는데 있어서 조지 워싱턴이나 존 아담스의 사상과 행위는 알고 싶어 할만한 것이었지만 일반 병사들과 그 가족들이 어떻게 생각했고 행동했는지에 대해서는 그렇지 않았다. 더욱이 당시에는 역사란 것이 문자로 만들어진 식자의 의도된 노력의 산물인 까닭에 성공적인 역사를 위해 필요하다고 생각될 수 있는 기록을 남긴 것은 오직 최고의 교양을 갖춘 주류 계급뿐이었다. 따라서 기록관에 의해 보통 사람들의 기록이 고의적으로 또는 암묵적으로 무시되는 가운데 워싱턴이나 아담스 같은 저명 인물의 문서는 관심 있게 수집되었던 것이다.

　보존할 기록의 범위가 넓어지고 기록관 종류 또한 다양화됨과 동시에 기존의 역사적 접근에 대한 비판이 나타났다. 1960년대 말에서 70년대 초 미국의 역사학계에는 지도자가 아닌 다수의 보통사람들에 관하여 연구했던, 이른바 '신 사회사(new social

---

51) 각 기록관 유형에 관한 문헌의 양은 많은 편이다. 역사적인 발전을 이해하기 위한 가장 좋은 방법은 대표적인 기록관 명감 안내서에 수록된 다양한 기록관 유형을 비교하는 것이다. 우선 본 장의 주 1을 보라. 또한 기록전문직에 관한 두 보고서 David Bearman, "1982 Survey of the archival profession," *American Archivist* 46(1983): 233-241쪽과 Paul Conway, "Perspectives on Archival Resources: The 1985 Census of Archival Institutions," *American Archivist* 50(1987): 174-191쪽도 보라. 전자는 아키비스트에 관한 조사이며 후자는 기록관에 관한 조사이다.

history)'라고 불렸던 연구경향이 나타났다. 이와 함께 연구자들은 많은 양의 1차 자료의 데이터를 다루기 위해 급속하게 발전하고 있었던 컴퓨터 기술에 의존하면서 전적으로 새로운 문제와 요구를 가진 기록관에 주의를 돌렸다. 그들은 위로부터가 아닌 아래로부터 역사를 보고자 했다. 이런 접근을 옹호했던 사람이 지적한 것처럼 '위대한 백인'이나 심지어는 '소수의 위대한 흑인이나 백인 여성'에 대해서조차 지나친 주목하는 것은 더 이상 역사를 이해하는데 충분한 것이 아니었다. 좀더 포괄적인 역사적 시각은 폭넓은 기록에 기반한 그 어떤 것을 필요로 하였던 것이다. 엘리트를 중시해 온 민간 역사협회가 유력한 기록 수집자인 한 일정 그룹에 속한 사람들의 기록은 항상 간과될 수밖에 없었다. 그렇지만 현재에는 다양한 종교, 인종, 사회사 관련 기록관이 존재하여 더 풍부한 자료들을 유용하게 활용하는 것이 가능하게 되었다.[52]

미국에서의 기록관의 발전은 실제로 새로운 정보에 대한 수요가 강화되는 것 이상으로 촉진되었다. 또한 예상치 못한 정부기금이 폭넓은 범위에서 기록관리 프로그램을 실행하는 기록관을 물질적으로 지원하였다. 존슨(Lyndon B. Johnson) 대통령의 "위대한 사회 건설을 위한 계획(Great Society Program)"의[53] 일환으로 1965년 만들어진 국립인문학진흥기금(NEH: National Endowment for the Humanities)은 다른 인문학 분야와 더불어 기록관리에 관한 학문적 노력에 대해서도 정기적으로 지원하였다. NEH는 도서관과 기록관의 재정적 기반을 확충하기 위해 의욕적으로 기금을 제공하였고, 개인소장 기록의 안내서 출간 및 다양한 종류의 검색도구 작성에 관한 제안에 대해서도 호의적이었다. 특별 주제에 관한 기록을 대상으로 한 범 기록관 차원의 조사에도 지원이 이루어졌는데, 아마도 가장 주목할 만한 성과는 1979년 2권으로 출간된 <여성사자료(*Women's History Sources*)>일 것이다. 또한 NEH는 신문을 마이크로필름으로 찍음으로써

---

52) 이에 관해서는 다음 두 논문을 보라. Jesse Lemisch, "The American Revolution and the Papers of a Great White Men," *AHA Newsletter* 9(November 1971): 7-21 및 "The Paper of a Few Great Black Men and a Few Great White Women," *Maryland Historian* 6(1975): 60-66. 이러한 문제제기에 대한 기록관의 대응에 관해서는 Dale C. Miller, "The New Social History: Implications for Archivists," *American Archivist* 48(1985): 388-399쪽과 Fredric Miller, "Use, Appraisal and Research: A Case Study of Social History," *American Archivist* 49(1986): 371-392쪽을 보라.

53) 암살당한 케네디 대통령을 승계한 존슨 대통령이 1964년 5월 천명한 국가정책으로서 이에 따라 빈곤과의 전쟁이 선포되고 또 민권신장, 인종차별 철폐정책 등이 발표되었고 빈곤과 민권과 관련된 많은 법안이 제정 또는 개정되었다. 그러나 이러한 정책은 베트남전쟁이 본격화되면서 후퇴하였고 미국은 1960년대 후반 반전문제와 함께 흑인민권운동 등 여러 가지 사회문제로 격심한 진통을 겪게 되었다. 존슨의 국내정책 많은 부분이 케네디 대통령의 정책을 이은 것이었는데 국립인문학진흥기금 창설법안 역시 케네디 시기의 구상을 구체화한 것이었다. 〔역주〕

존슨대통령이 국가인문학진흥기금 설립에 관한 법에 서명하고 있다. (the Lyndon Baines Johnson Library, National Archives and Records Administration 제공)

역사자료로서 가치를 지닌 기록을 확인하고 보존하는 데에도 적극적인 관심을 가졌다. 각 주 단위로 이루어진 이 같은 노력에는 연간 수백만 달러의 재원이 투여되었다. 더욱이 NEH의 기금은 기록관 모기관으로부터 내부 지원이 늘어난 것과 함께 민간기금으로부터 대응자금을 조달할 수 있게 되었다는 점에서 도서관과 기록관으로서는 분명 환영할만한 것이었다.54)

아키비스트에게 보다 더 큰 영향을 미친 것은 NHPRC(National Historical Publication and Record Commission)의 프로그램이었다. 애초 미국 헌법제정자 문서에 대한 학술총서 편찬을 지원할 목적으로 구성되었으나, 1975년 이후에는 위원회의 지원 범위가 기록학 및 기록관리와 관련된 다양한 프로젝트로 확대되었다. 비록 끊임없이 예산이 삭

---

54) NEH의 정책에 관해서는 Ronald Berman, *Culture and Politics*(Lanham, Maryland: University Press of America, 1984) 및 Stephen Miller, *Excellence and Equity: The National Endowment for the Humanities* (Lexington: University of Kentucky Press, 1984)을 보라. 또한 Andrea Hinding et al., eds., *Women's History Sources: A Guide to Archives and Manuscript Collections in the United Stated*(New York: Bowker, 1979) 도 보라.

감될 위험에 처해 있었고 그나마 얼마 되지 않는 재원을 배정 받았지만 NHPRC가 지원한 기록관련 프로그램은 재원을 폭넓게 배분하였고 그 재원에 기초하여 적극적이며 진취적인 계획이 입안됨으로써 커다란 성과를 거둘 수 있었다. NHPRC의 프로그램은 공공 및 민간 영역에서 유사 기관들이 하나의 모델로 삼을 수 있는 새로운 기록관리 계획을 수립하도록 지원하였다. NHPRC는 '사라질 위험에 처한 기록' 특히, 적절한 보관처가 없어 파기될 우려가 있는 기록의 보존을 지원하는 일에도 관여하였다. NHPRC는 일련의 교육프로그램 실행도 의결했다. 그 계획에는 1977년 미국에서 최초로 출간된 기록관리 절차에 관한 기본편람 준비를 비롯하여 관리자 교육을 비롯하여 전문 아키비스트 이외의 사람들을 대상으로 기록관리프로그램의 중요성을 전파할 교육프로그램을 수립하는 일이 포함되어 있었다. 1980대년 초부터 NHPRC는 거의 모든 주를 대상으로 하여 WPA의 HRS 이래 처음으로 미국의 전반적 기록관리 현황을 체계적으로 조사하려고 시도한 '평가보고서'를 작성하는 사업을 재정적으로 지원하였다.55)

기록관리가 분화되었다는 것은 기록관리 전문가의 조직 기반이 확대되었다는 것을 의미하는 것이기도 했다. 1930년대 이래 SAA는 아키비스트들이 만나서 공통의 쟁점을 토의하는 유일한 협회였지만 1970년대 오면 기록관리 전문가 세력은 보다 강해졌으며 또 조직적으로도 다른 출로가 모색되었다. 그 결과 새로운 전문직 협회가 전국적으로 지역, 주, 다수의 주가 포함된 지구 단위로 조직되었다. '지역조직들'로 통칭되는 이들 조직은 SAA에 비해 비록 형식은 덜 갖추었지만 그 수가 늘어나는 만큼 영향력도 그에 비례하였다. 15년만에 그들 지역조직은 그 수가 50을 넘었고 일부는 회원수가 천여 명을 육박하였다. 소규모이므로 가입비가 저렴하고 신참 아키비스트로서는 아마도 덜 부담스러웠을 이들 조직은 작은 규모의 신설 기록관에서 일하게 된 아키비스트들에게 전문직단체의 회원이 됨으로써 얻을 수 있는 이득을 제공하였다. 이들 지역조직은 특정한 지역에 한정되어 있었기 때문에 회원들이 모임에 출석하기도 쉬웠다. 대부분은 기록관에 관한 정보를 교환하기 위한 소식지를 발행했으며 일부는 별도로 전문적인 논문을 담은 정기학술지를 펴내기도 했다. 많은 조직이 초

---

55) 이 계획의 영향에 관한 초기 평가로는 Larry J. Hackman, "The Historical Records Program: The States and The Nation," *Amrecan Archivist* 43(1980): 17-32. 및 F. Gerald Ham, "NHPRC's Records Program and the Development of State wide Archival Planning," *Amreican Arhivist* 43(1980): 33-42를 보라. 위원회가 초기에 벌인 출판계획에 보다 집중한 고찰로는 Mary A. Giunta, "The NHPRC: Its Influence on Documentary Editing, 1964-1984," *American Archivist* 49(1986): 134-141쪽을 보라

급과 고급수준의 워크숍으로 이루어진 교육프로그램을 운영하기 시작하였다. 전문직이 공유해야 하는 수단과 사고방식은 이런 지역차원의 기록관리 협회에 의해 좀더 쉽게 접하게 되었고 이를 통해 미국의 기록관에서의 민주화가 지속적으로 진행되었다.

## 2.6 전문직 정체성에 의한 통합

기록전문직이 좀더 분화되기 시작했을 바로 그때 그들의 정체성이 몇 가지 중요한 방식으로 통합되기 시작했다. 최근 들어 이런 통합에 관한 여러 증거가 나타났다. 계속해서 새로운 기록관이 세워지고 더 많은 새로운 전문가들이 그 기록관에 채용되는데서 알 수 있듯이 기록관의 성장기는 아직 끝나지 않았다. 다만 1970, 80년대 아키비스트는 이미 그들이 이루어 놓은 것들을 통합하는데 관심을 둘 수 있을 만큼 수적으로 또 제도적으로 충분히 안정적인 상태에 도달했다. 다시 말해 그들 자신이 무엇을, 어떻게, 왜 하는지에 관한 공통의식이 나타나기 시작했던 것이다. 기록관, 아키비스트, 기록이용자 수가 증가함으로써 특정 쟁점에 관해 혼란스러울 정도의 다양한 의견이 나타나는 가운데 전문직으로서의 방향성에 관한 보다 확고한 이해가 필요해졌다. 구체화되기 시작한 그런 공통된 문제의식의 초점은 표준화와 프로페셔널리즘이었다.

기록의 유일성을 강조한 아키비스트에게 있어 표준화는 항상 어려운 문제였다. 각 기록관은 다른 여타 기록관의 기록에는 없는 원본기록을 소장하고 있다는 점에서 기록은 불가피하게 유일성을 갖는다. 그로 인해 아키비스트는 기록을 관리하는 절차 역시 유일한 것이 되어야 한다고 생각했다. 각 기록은 분명 서로 다른 것이었으므로 기록관 역시 각각 서로 다른 자신만의 일처리 방식에 의하는 것이 당연한 것처럼 보였다. 아키비스트는 확실한 일반적인 이론적 원칙이 있어야 함을 인정하고 그것을 분명히 하려 했지만, 다른 한편으로 각 기록관이 그런 원칙을 자신의 실정에 맞게 언제나 자유롭게 적용할 수 있다는 점도 동시에 받아들였다. 더 나아가 아키비스트는 암묵적으로 어떤 기록관이든지 그런 원칙을 적용하는 것은 각자가 알아서 할 일이라고 여겼다. 유일무이한 기록을 위한 공통의 표준을 합의하는 일은 바람직한 것이지만 그같은 표준을 적용하는 것은 제한적이어야 한다고 생각했다.

그렇지만 기록전문직 통합의 시기 동안 아키비스트의 사고는 기록의 유일성을 타협 대상으로 삼지 않고도 많은 부분에서 표준화가 가능하다는 것을 깨달으면서 변하기 시작했다. 이런 변화를 지향한 초기에 해당하는 것이 1950년대 후반 초판이 나온

*NUCMC (National Union Catalog of Manuscript Collection)*의 준비였다. 의회도서관이 펴낸 국가통합목록(*NUC*)을 원형으로 만들어진 *NUCMC*은 광범위하고 서로 다른 출처의 기록에 관한 표준화된 정보를 모으고, 한편으로는 그런 정보를 통일된 목록카드 서식에 맞춰 담으려 하였다. 기록관은 각각 규모나 재정기반도 달랐고 소장기록물도 전국적 차원에서 중요한 것과 지역에 한정하여 중요한 것이 한데 섞여 있었다. 그럼에도 기록의 생산자, 편찬자, 수록된 기록의 종류, 포괄일자, 분량, 내용과 같은 간략한 기술은 동일한 것에 기초한 정보로 함께 모을 수 있었다. 이것은 아키비스트와 함께 잠재적인 연구자에게 체계적인 방식으로 유용한 정보를 제공하려 한 것이었다. 1970년대 중반 SAA와 기타 다른 전문가 집단은 이런 공통의 노력을 확대할 방안을 활발하게 모색하였다.[56]

표준화를 지향한 이상의 움직임은 흔히 기술적 진보에 의해 추동되기도 하였다. 도서관의 업무에는 도서입수, 목록만들기, 참고서비스, 대출 등에 있어 보다 효과적이고 저렴한 시스템이 가능하기 때문에 자동화방식의 도입이 크게 장려되었다. 좀더 정교한 기술이 개발됨에 따라 아키비스트도 자신들에게 특화된 영역에 이러한 기술을 적용할 수 있게 되었다. 각 기록관은 자동화된 형식에 기반한 기관간 협력이 가져다 줄 미래의 혜택을 간파했다. 예컨대 자동화 포멧은 하나의 기록관에 소장된 관련 컬렉션이나 한 곳 이상의 기록관에 흩어져 있는 컬렉션에 관한 정보를 공유하는 기관간 협력을 가능하게 했다. 이러한 이익을 알게 됨으로써 개별 기록관들은 기록관 모두에 통용될 수 있는 언어로 자신이 소장한 기록물에 관해 이야기할 필요가 있다는 점을 인정하게 되었다.

기록을 위한 표준기술포맷 개발을 모색하기 위한 초기 노력이 있은 후 SAA는 1977년 당시 현존하는 기록관들 사이에 공통의 기초를 마련하는 일을 맡을 NISTF(National Information System Task Force)를 구성했다. 마침내 이 그룹이 데이터 요소라는 정교하고 확장성 있는 시스템을 구축했다. 각각의 기록물 컬렉션은 유일한 것이었지만 모든 기록관은 크기와 내용, 생산배경에 관계 없이 자신이 소장한 기록물이 같은 정보 및 데이터 요소로 식별되어 유포되기를 원했다. 이러한 데이터 요소는 '전자 분류함(electronic pigeonhole)' 시스템과 연계되어 모든 기록관이 소장기록물에 대한 통제, 기

---

56) NUCMC의 기원과 초기 역사에 관해서는 Lester K. Born, "The National Union catalog of Manuscript Collections: Progress," *American Archivist* 23(1960): 311-314 및 Richard C. Berner, "Archivists, Librarians, and the National Union Catalog of Manuscript Collections," *American Archivist* 27(1964): 401-409쪽을 보라. 버너는 NUCMC를 표준화를 향한 진일보라고 정확하게 표현하였다.

술(記述), 정보공유에 사용할 수 있는 자동화 포맷의 기반이 되었다. 결국 MARC AMC(Archives and Manuscripts Control format of United States Machine Readable Cataloging system)라는 고안물이 고정된 형식을 제공하였다. 이런 자동화 기술에 힘입어 약 100여 년 전 도서관이 도서의 목록 작성에서 이룬 것과 같은 종류의 표준화가 기록관에서도 가능하게 되었다.57)

이상과 같은 실제적인 목적의 표준화를 지향한 여러 가지 움직임의 결과, 기록전문직에 의해 발전되어 온 공공기록관리전통과 역사기록관리전통이라는 별개의 흐름이 20세

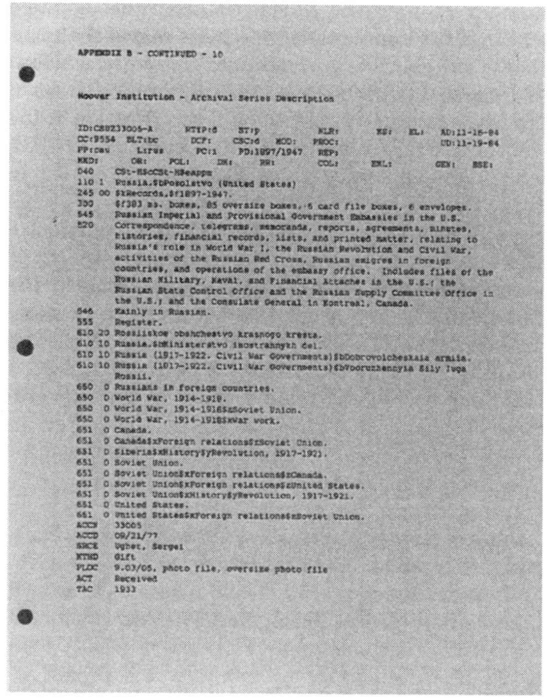

USMARC AMC를 사용하여 기술한 컬렉션(David Scott, Husky Photos)

기 들어서 하나로 통합되게 되었다. 두 가지 전통에서 비롯된 기록관은 서로 매우 다른 자료를 소장하고 있으며, 서로 다른 유형의 이용자에게 봉사해 왔다. 그렇지만 이러한 상이함이 그에 따른 절차의 다름까지 정당화시켜 주는 것은 아니었다. 대부분의 아키비스트가 그 유사성에 관해 통찰하기 시작했고 각 전통에서 비롯된 용어의 상이함이 지닌 중요성도 점차 줄어드는 듯 했다. 공공기록관에서는 자신들의 소장물에 대한 목록으로서 '인벤토리(inventory)'를 만드는데 익숙하다. 역사기록물 컬렉션에 대한 검색도구는 흔히 '레지스터(register)'라고 부른다. 협력과 표준화 분위기가 고조되면서 자

---

57) 이에 대한 기본적 글로는 Nancy Sahli, *MARC for Archives and Manuscripts: The AMC Format*(Chicago: SAA, 1985)와 Max J. Evans and Lisa B. Weber, *MARC for Archives and Manuscripts: Compendium of Practice*(Madison: State Historical Society of Wisconsin, 1985)를 들 수 있다. 또한 David Bearman, ed., *Toward National Information Systems for Archives and Manuscript Repositories: The National Information Systems Task Force Papers*, 1981-1984(Chicago: SAA, 1987); Richard H. Lytle, "An Analysis of the Work of the National Information Systems Task Force," *American Archivist* 47(1984): 357-365; Nancy Sahli, "Interpretation and Application of the AMC Format," *American Archivist* 49(1986): 9-20; Katherine D. Morton, "The MARC Formats: An Overview," *American Archivist* 49(1986): 21-30 역시 참조할 수 있다.

1964년 *American State Archives*라는 연구로 SAA 의장 알드리지 (Everett Alldredge)로부터 상을 받고 있는 에른스트 포스너(SAA Archives, University of Wisconsin Madison)

신이 소장한 기록을 알리고 이용시키기 위해 다른 기록관과 동일한 항목으로 목록을 기술할 필요성에 대한 인식이 광범위한 기록관으로 확산되었다. 이를 통해 아키비스트는 공공기록과 역사기록이 서로 차이는 있으나 한편으로는 다르지도 않다는 점을 받아들이게 되었다.58)

이와 동시에 전문직으로서의 자격이 지닌 본질과 특성에 관한 논의를 광범위하게 벌임으로써 표준화에 관한 관심이 프로페셔널리즘을 증진하려는 고려와 접목되었다. 아키비스트가 지녀야 할 지식과 기술은 어떤 종류이며 어떻게 얻어야 하는가? 미국의 초기 아키비스트 세대에게 이 문제에 대한 해답은 존재하지 않거나 예측 불가능한 것이었다. 이들 아키비스트는 흔히 어찌하다가 하게 된 일이 기록관리였거나 다른 분야에서 건너온 사람들이었다. 많은 아키비스트가 특정 주제의 역사연구에 관심을 갖다가 기록을 관리하는 직업에 들어섰으며 그 외에는 도서관의 특화된 종류의 사서들이 바로 아키비스트였다. 전반적인 전문직 문화를 적용하는데 필요한 특화된 직무와 기법은 특정 기록관에서 일종의 도제신분으로 '일하면서 배운 것'으로부터 얻어졌다. 정식의 교육이라고 할 것은 국립기록관 및 아메리칸 대학(American University) 공동후원 아래 수년간 포스너(Ernst Posner)의 주관으로 진행된 현직 아키비스트 워크숍이나 단기 교육과정이 있었다.59)

---

58) 미국 아키비스트협회의 *Inventories and Registers: A Handbook of Techniques and Examples*(Chicago: SAA, 1976)를 보라. 이 얇은 책은 통상 다르다고 단정한 접근이 얼마나 같은지를 단적으로 보여줌으로써 두 전통을 통합시켰다는 점 때문에 중요하다.

59) 포스너의 경력은 Paul Lewinson, "Introduction: The Two Careers of Ernst Posner," *Archives and the Public Interests : Selected Essays of Ernst Posner,* ed. Ken Munden (Washington: Public Affairs Press, 1967) 7-19쪽에 서술되어 있다. 아키비스트 교육에 관한 중요 논문 목록은 Paul Conway,

전문직으로서의 소양을 갖추기 위한 길은 평탄하지 않고 불리한 일도 많이 있었지만 1970년대 이르러 미국 내 대학에 정규 기록관리 교육과정이 다수 개설되기 시작했다. 역사학이나 도서관학 대학원 그리고 더러는 협동과정으로 설치된 이들 프로그램은 신진 아키비스트를 위한 광범위하고 세부적 형태의 취업 교육에 노력을 기울였다. 비록 기록학과 관련된 주제에 집중된 교과목은 한정되었지만 대부분 워크숍 등에서 배울 수 있는 것보다는 많은 것이 포함되어 있었다. 이런 교육프로그램들의 형태는 대체로 기초 입문과정과 그에 이은 전문과정의 두 단계를 두는 것으로 모아졌다. 대부분은 학생들이 기록관리에 관한 실무 경험을 얻도록 하기 위한 인턴과정이나 실습과정을 두고 있었다. 상당수의 코스는 많은 비중의 현장실습을 필요로 하는 졸업논문을 제출하게 했으며 드물게는 기록학 이론과 관련된 주제를 연구하도록 했다. 이러한 기록관리학 교육 프로그램들은 상황에 따라서 전문직업을 얻는데 도움이 되었으나 여러 해 동안은 분산적이며 소규모였다. 대부분의 과정은 현직 아키비스트, 대개는 과정을 개설한 대학의 아키비스트, 다시 말해 ‘가르치는게 부업’일 뿐인 겸직의 시간제 교원에 의존했다.[60)]

정규교육과정이 다소 파행으로 시작되었음에도 불구하고 이러한 교육을 위한 노력을 통해 기록전문직은 전문직의 자격 성립과 교육에 관한 사고를 분명히 할 수 있게 되었다. 우선 첫째로, 전문직 교육프로그램은 대개는 대학원 석사과정으로 설립되었으며 사실상 과정을 이수함으로써 곧 아키비스트 자격이 부여되는 것으로 받아들여졌다. 전문직에 들어오게 된 배경은 여전히 다양했지만 역사학, 도서관학 또는 양자 공통의 어떤 경로든 특정 기록학 교과목 이수나 경험에 따라 수여되는 대학원 학위는 전문직으로의 진입을 위해 적합한 것이었다. 둘째로, 여러 대학에 기록관리 교육과정이 설립됨으로써 표준화된 커리큘럼 문제가 부각되었다. SAA는 1977년 기록학 교육과정과 관련된 대학원교육 지침을 처음으로 발간하였고 1988년에는 보다 세부적인 지침을 내놨

---

“Archival Education and the Need for Full-Time Faculty,” *American Archivist* 51(1988)의 부록 254-265쪽을 보라.

60) 기록관리 교육에 관한 글의 양은 많지만 여전히 증가추세에 있다. 근래의 경향에 관해서는 Timothy L. Ericson, “Professional Associations and Archival Education: A Different Role or a Different Theater?” *American Archivist* 51(1988): 298-311쪽을 보라. 미국에서는 캐나다처럼 별도의 기록학 석사과정을 설립하려는 움직임은 아직 없다. 캐나다의 기록학 대학원교육에 관해서는 Terry Eastwood, “The Origins and Aims of the Master of Archival Studies Programme at the University of British Columbia,” *Archivaria* 16(1983): 35-52쪽과 “Nurturing Archival Education in the University,” *American Archivist* 51(1988): 228-252쪽을 보라

다. 추측컨대 앞으로도 미국 도서관협회 인가의 사서 교육과정처럼 정식인가 과정이나 기록학 연구분야에 관한 학위과정의 별도 개발을 통해 기록학 교과목은 계속적으로 개선될 것이다. 기록학 교육 프로그램이 발전함으로써 1980년대 중반 결국 몇몇 대학에서 소수의 기록학 전임강사가 임용되었다. 이들은 기록을 직접 관리하지 않으면서 가르치고 연구하는데만 전념할 수 있는 아키비스트였다. 기록학 교육분야의 발전은 순조롭지 않아서 진보만이 아니라 퇴보도 있었다. 그러나 다른 전문직이 스스로의 정체성을 확립하는데 있어 교육에 중점을 두어야 했듯이 공식적인 인정제도가 없는 가운데에서도 아키비스트를 위한 보다 완전한 교육프로그램을 개발하는 것이 기록전문직의 자격조건을 표준화하고 개선시키는 가장 좋은 방법으로 널리 받아들여졌다.[61]

기록전문직은 기록관리 표준화에 관해 다음의 또다른 두 가지를 추구하였다. 하나는 기관 평가에 초점을 둔 것으로 기록관 소속 직원이나 그밖에 아카비스트가 업무절차를 개선한다는 관점에서 기록관을 대상으로 한 연구였다. 기록관리기관에 대한 평가 또는 인정 프로그램이 구체화되지는 않았지만 기록관에 관한 정보를 모아 그것을 아키비스트가 자체적으로 기록관을 개선하는데 이용할 수 있도록 한 보다 개량된 모델들이 SAA에 의해 잇달아 출간되었다. 다른 하나는 1987년 SAA가 회계사, 레코드매니저, 사서 등 다른 전문직종과 유사한 개별 아키비스트의 공인절차를 수립한 것이었다. 당시는 일정한 기록관리 직업이력을 가진 사람에게 최초 공인자격을 부여했지만, SAA의 계획은 정해진 시험을 통과하는 것이 공인자격을 부여하는 근거가 되도록 한다는 구상이었다.[62] 1989년 상당수의 아키비스트가 향후 자격시험과 그 절차를 관장하기 위한 자율적인 공인아키비스트 아카데미(ACA: Academy of Certified Archivist)를 만드는 것과 관련하여 일정한 기득권을 인정받았다.

---

61) Society of American Archivists, "Guidelines for a Graduate Minor or Concentration in Archival Education," *American Archivist* 41(1978): 105-106 및 Society of American Archivists, "Guidelines for Graduate Archival Education Programs," *American Archivist* 51(1988): 380-389. 기록학 전임강사의 중요성에 대해서는 Frank G. Burke, "The Future Course of Archival Theory in the United States," *American Archivist* 44(1981): 40-46쪽을 보라. 전문성 증진이라는 논점에 관한 일반 가이드는 Richard J. Cox, "Professionalism and Archivists in the United States," *American Archivist* 49(1986): 229-247.

62) Mary Jo Pugh and William Joyce, eds., *Evaluation of Archival Institutions: Services, Principles, and Guide to Self Study*(Chicago: SAA, 1982); Paul H McCarthy, Jr., ed., *Archives Assessment and Planning Workbook* (Chicago: SAA, 1989). 공인아키비스트에 관한 계획은 1985년 이래 SAA 소식지에 정기적으로 게재되었다. 전반적 논의는 William J. Maher, "Contexts for Understanding Professional Certification: Opening Pandora's Box?" *American Archivist* 51(1988): 408-427쪽을 참조하라.

이상의 모든 노력의 공통적인 지향점은 기록관리 실무를 개선시킬 수 있으리라는 희망에서 비롯된 전문직 기준 및 자격요건의 개선에 있었다. 이런 방향에서 전문직 에너지를 한곳에 모음으로써 기록학적 정체성이 확립된 다른 증거들도 나타났다. 우선은 1930년대 많은 아카비스트들이 기록관리이론에 관해 계속적인 관심을 보인 이래 기록관리 업무의 지적 기초를 재검토하는 한편 새로운 방향을 도출하려는 시도가 지속되었다. 한 관찰자의 말처럼 '기록학적 분석의 시대(age of archival analysis)'는 다시 새로워진 엄청난 지적 활력을 기록관리 전문직들에게 불어넣었다. 기록관리 업무와 관련된 가장 기본적인 가정들에 의문을 제기한 논문이 전문학술지에 발표되었다. 기록을 정기적으로 재평가하여 그것이 더 이상 가치가 없다고 간주되면 비록 소장한지 상당 기간이 지난 기록이라 하더라도 바로 파기해야 한다는 주장이 제시된 논문도 있었다. 또한 어떤 글은 기록물 정리의 기초였던 레코드그룹 개념에 이의를 제기하기도 했다. 같은 맥락에서 기록관리를 주제로 한 연구지원 프로그램이 전문적인 쟁점에 대한 사고의 전환을 촉진하였다. 몇몇 공공기관과 민간기관의 재정지원을 받은 미시건 대학 벤틀리 역사도서관은 아키비스트를 위한 성공적인 특별연구 프로그램을 진행하였는데, 유사 프로그램으로는 처음으로 기록관리 이론 및 실무에 관한 독창적이며 창조적인 사고가 산출되었다.[63]

아키비스트들은 기록학 연구에 관한 특정 문제들을 중심으로 결집하여 각각 자신이 소속된 기관의 경계를 넘어서 일정한 함의를 갖는 연구결과를 생산했다. 현대 과학 및 기술관련 기록의 충분한 보존방안에 관해 연구한 두 그룹은 모든 것을 보존하는 것이 명백하게 불가능한 환경에서 가급적 충분히 남기는 방법은 무엇인가라는 20세기의 기록관리 문제에 대한 나름의 결론을 내렸는데, 이는 과학분야와 전혀 무관한 기록을 관리하는 아키비스트에게도 유용한 것이었다. 캐나다의 한 아키비스트 그룹은 기록물 기술 및 검색도구 표준에 관한 문제를 제기했으며, 미국에서도 이와 비교되는 그룹이 같은 주장을 했다. 어떤 기록전문가들은 보다 계획적이며 의도적인 방식으로 기록평가

---

63) '기록학적 분석의 시대(age of archival analysis)'라는 말은 Bruce W. Dearstyne의 논문 "Archives and Public History: Issues, Problems, and Prospects," *Public Historian* 8(1986): 6-9쪽에서 등장했다. 기록관리에 관하여 기존에 받아들여진 지식에 이의를 제기한 글로서 중요한 것은 Leonard Rapport, "No Grandfather Clause: Reappraising Accessioned Records," *American Archivist* 44(1981): 143-150 ; Max J. Evans, "Authority Control: An Alternative to the Record Group Concept," *American Archivist* 49(1986): 249-261 : David Bearman & Richard Lytle, "The Power of the Principle of Provenance," *Archivaria* 21(1985/6): 14-27 등이 있다.

1986년 GAP는 기록관리 전문직의 포괄적인 사명을 정하였다.
(Society of American Archivists 제공)

문제에 접근하였다. 이들이 주창한 것이 열띤 논의에 비해 잘못 이해된 경우가 많았던 이른바 '문서화전략(documentation strategy)'의 도입이었다. 이 모든 것과 관련하여 매우 야심찬 예는 SAA가 개별 기록관 또는 특정 아키비스트 조직 차원 아니라 일종의 '기록관리에 관한 싱크탱크'로서 모든 전문직에 적용될 수 있는 목적과 우선 순위에 관해 연구하고 또 제안하는 것을 위임받은 'GAP(Goals and Priorities)'라는 상설위원회를 조직한 것이었다. 이 위원회는 활동결과로서 일련의 포괄적인 계획서를 발표하였는데 거기에는 전문직으로서의 아키비스트 임무와 함께 그런 임무를 파악할 수 있는 단계별 세부 권고가 포함되어 있었다. 회의적인 사람들은 이런 노력에 들일 여력이 있다면 그것을 기록을 획득하고 조직하는 실제적인 기록관리 업무에 집중하는 것이 타당하다고 주장하였다. 그렇지만 좀더 폭넓은 시야를 가진 사람들은 전통적인 이론과 실무에 대한 적극적인 재검토에 대해 당대는 물론 후대의 전문직들에게도 필수적인 것으로 여기고 있다.64)

---

64) Joint Committee on the Archives of Science and Technology, *Understanding Progress as Process: Documentation of the History of Post-War Science and Technology in the United States*(Chicago: SAA, 1983) ; Joan K, Haas et al., *Appraising the Records of Modern Science and Technology: Guide*(Cambridge, Massachusetts: Massachusetts Institute of Technology, 1985) ; Bureau of Canadian Archivists, *Toward Descriptive Standards*(Ottawa: Bureau of Canadian Archivists, 1985) ; Society of American Archivists Task Force on Goals and Priorities, *Planning for the Archival Profession*(Chicago: SAA, 1986) ; Society of American Archivists committee on Goals and Priorities, *An Action Agenda for the Archival Profession: Institutionalizing the Planning Process*(Chicago: SAA, 1988). 문서화전략을 다룬 글은 증가추세에 있다. 이에 관한 중요한 논문으로는 Helen W. Samuels, "Who Controls the Past," *American Archivist* 49(1986): 109-124 및 Larry J. Hackman and Joan Warnow Blewett, "The Documentation Strategy Process: A Model and a Case Study," *American Archivist* 50(1987): 12-47이 있다.

## 2.7 현재와 미래의 쟁점

기록전문직 역사를 기술하는 것은 그 미래를 예견하는 것에 비해 상대적으로 수월하다. 그렇지만 기록전문직의 미래에 대해서는 의문의 여지가 없을 것이다. 기록정보를 생산하는 기술이 급속하게 진보하여 이전의 형식이 무용지물이 될 것이며, 낡은 형식의 기록을 다루는 아키비스트 역시 퇴물이 될 것이라는 암울한 예견은 지나친 과장이다. 새로운 기술이 낡은 기술을 완전하게 대체하기란 좀처럼 어렵기도 하고 한편으로는 변화된 환경에 접한 전문가들 역시 생존의 기회를 모색하게 마련이다. 기록전문직이 직면하게 될 현재와 미래의 쟁점들을 가늠하는 일은 섣부른 예견이 초래할 위험을 감수해서라도 좀더 과감하게 내려봄 직하다.

기록관의 수는 앞으로도 꾸준하게 늘어날 것이다. 1980년대에 이르러 이전부터 기록을 생산해 왔으면서도 한번도 그것을 관리할 아키비스트를 양성하지 않은 기관들조차 새로 기록관리 프로그램을 수립하는 추세가 나타났다. 기업분야 특히, 첨단기업에서 그리고 박물관이나 음악단체 같은 다양한 문화기관에서 기록관을 설립하고 관련 프로그램을 세우는 양상은 이러한 경향이 앞으로도 계속될 것이라는 표시이기도 하다. 정규대학원을 마치고 신중하게 자신의 직업을 선택한 잘 훈련된 아키비스트에 의해 사려 깊고 유능한 인력을 갖춘 기록관의 수는 계속 늘어나게 될 것이다. 수요공급의 경제법칙에는 위배되지만 훈련된 아키비스트의 공급은 그들에 대한 수요를 늘이는 긍정적 효과를 가져올 것이다. 이런 경향이 계속됨으로써 기록전문직은 극적으로는 아니더라도 왕성하게는 신장할 것이다.

또한 기록관간 정보의 소통 및 교환에서는 전문직 정체성이 지속적으로 통합되는 것이 하나의 특징적인 징표가 될 것이다. 1980년대 새로 등장한 전산화 데이터베이스에 의해 기록관간 협력이 쉬워졌고 각 소장 기록물과 그 처리절차에 관한 지식을 공유하는 일이 진척되어 왔다. 이같은 시스템은 전국에 흩어져 있는 엄청나게 많은 기록을 손쉽게 찾아야 하는 기록관 이용자에게는 분명 필요한 것이었다. 한편으로 이런 시스템은 유사한 기록물의 수집·평가·조직·관리에 관한 정보를 공유할 수 있다는 점에서 아키비스트에게도 유용한 것이었다. 이같은 네트워크의 일원이 되는데 드는 비용은 시간이 지날수록 저렴해진 반면 같은 직에 종사하는 사람들과 더불어 협력하기 위해 보다 많은 아키비스트가 참여함으로써 네트워크가 만들어 낼 수 있는 혜택은 오히려 커졌다. 정보공유를 위해 전 세계적으로 단일한 데이터베이스 구축에 거는 기대는 아직 미망에 불과하지만 표준화와 협력을 향한 지향은 여전히 유력하다.

아키비스트 간의 협력이 강화됨에 따라 아키비스트가 다른 기록전문직과의 관계에서 차지하는 역할 역시 명백해질 것이다. 출판자료와과 비출판자료, 현용(現用)기록과 비현용기록, 육안식별기록과 기계가독기록 등 상이한 정보 형식의 구분은 계속해서 불투명해질 것이다. 그 결과 아키비스트는 부득이 사서, 레코드매니저, 전산정보전문가와 공동으로 기록정보 이용자들을 위한 연구를 하게 될 것이다. 아키비스트처럼 이 모든 실무자들은 마땅히 '정보관리 업무(information business)'에 종사한다고 할 것이며 아키비스트는 정보관리 업무를 하는 다른 이들과의 협력이 중요함을 점점 더 실감하게 될 것이다. 동시에 아키비스트는 그들이 관리하는 기록을 활용하는 이용자 집단과의 협력도 증진시킬 수밖에 없을 것이다. 이제 혼자서 자료를 찾아 다니는 역사학자는 덜 전형적인 기록 이용자 유형이 되어 버렸고 그런 경우가 실제로는 이미 존재하지 않을지도 모른다. 광범위한 질문에 대한 답을 구하고자 하는 연구자는 정보의 형식보다는 정보 그 자체에 보다 주목한다. 기록 이용이 그것을 보존하는 근본적인 이유이므로 우선적으로 아키비스트가 미래의 기록 이용자들이 필요로 하는 것을 보다 잘 이해하려고 노력하지 않는다면 그들은 도태되어 없어질 것을 감수해야 할 것이다.

아키비스트를 위한 지식기반이 확장되어 가고 있다는 점이 상당부분 이상의 전망을 뒷받침해 준다. 기록을 주제로 한 연구의 양은 여전히 늘고 있으며 그런 경향은 계속될 것이다. 기록학 문헌의 출간은 늘어나는 기록에 대한 수요만큼 일정하게 증가하고 있다. 더욱이 기록에 관한 사고와 저술은 기록관에서 업무를 수행하는 방식을 기술하는 직업적 문헌의 장르를 넘어서고 있다. 상당한 사례연구가 필요하겠지만 미래의 기록학 문헌은 기록학 이론, 기록관리 실무, 기록관리 역사 등에 관한 연구로 활발히 확대될 것이다. 일군의 전문적 기록학 교육자가 순수한 학문적 열정에서 스스로 연구를 수행하고 그 성과를 출간함으로써 그러한 추세가 진행되는데 일조할 것이다.

궁극적으로 아키비스트는 자기 일의 핵심에 존재하는 프로페셔널리즘을 구상하고 기록관의 유용성을 전사회적 차원에서 입증하기 위해 계속적인 노력을 기울일 것이다. 근래 들어 기록관리 이외의 분야에서 바라보는 기록관과 아키비스트의 '이미지'에 대해 아키비스트가 보이는 관심이 크게 증가하고 있다. 그런 관심은 다소 소극적이며 특별히 생산적인 것도 아니지만 많은 아키비스트는 자신들의 가치관으로 다른 이들을 이해시키고 가르쳐야 할 필요에는 익숙해져 있다. 은둔해 있는 기록관리 수도사에서 기록관리 전도사로 전환하는 일이 완료되었다고 볼 수는 없지만 모든 아키비스트는 기록관을 이용하고 그것을 좀더 잘 이해하려는 사람들과 함께하는 일의 의의와 그로 비롯된 기쁨을 같이 나누는 것을 중요하게 인식하게 되었다.

물론 미래가 꼭 밝은 것만은 아니다. 컵에 물이 반은 차 있지만 또한 반은 비어 있다. 기록관을 위한 적절한 자원을 얻어내고 빈약한 재원을 분배하는 일에는 항상 어려움이 있을 것이다. 새로운 기록관이 생겨나기도 하겠지만 그와 마찬가지로 다른 한편에서는 기록관을 호사스럽고 소비적이라 단정한 모 기관이 기록관의 문을 닫아 버리는 일도 생길 것이다. 어떤 기록관리 교육프로그램은 번창할 수도 있겠지만 다른 많은 프로그램은 중도에 폐지될 수도 있다. 전문직협회의 구성원은 협회가 감당할 수 없을 문제를 제기할지도 모른다. 기술(技術)영역이 기존 기록의 조직과 이용에 있어 기회를 제공한 만큼이나 또 다른 많은 어려움이 새로이 현실화될 것이다.

미국의 기록전문직은 조직 활동을 한지 채 100년도 되지 않았지만 그 동안 많은 것을 이루었다. 그것은 양적·질적 양 측면 모두에서의 성장으로서 기록보존의 이론적 원칙들, 기관 및 개인의 경험, 자신의 일에 열중하는 헌신적인 실무자 집단이 완성되어 가는 가운데 이루어진 것들이었다. 아키비스트는 자신만의 폭넓은 지적 기반을 만들고 획득하는 전문가들이다. 이들은 지적 기반으로부터 하나의 특징적 믿음들과 가치관을 끌어낸다. 아키비스트는 전문직(profession)이라는 말이 의미하는 바 그대로 전문직으로서의 책임과 의무를 삶 속에서 실천하고자 한다는 점을 '공언(profess)'한다. 기록에 대한 이해는 궁극적으로 기록관리 지식, 가치관 그리고 책임을 이해하는 것에 다름 아니다.

# 3 아키비스트의 지식과 가치관

The Archivist's Perspective: Knowledge and Values

다른 전문직에 종사하는 사람들처럼 아키비스트 역시 자신만의 특정한 관점을 가지고 일을 한다. 의사가 의사처럼, 변호사가 변호사처럼 사고하듯이 아키비스트 또한 그렇다. 아키비스트는 기록에 관한 다양한 문제를 자신만이 지닌 특별한 방식으로 이해하고 분석한다. 기록정보의 생산자와 이용자 역시 기록에 특별한 이해관계를 가지고 있다. 그렇지만 아키비스트는 기록을 사고하는데 있어 다른 사람들과 구별되는 그들 자신만의 특별한 방식을 개발한다. 예컨대 생산자에게 있어 기록은 언제나 특정한 목적에 도달하는 하나의 수단일 뿐이다. 일단 직접적인 생산목적에 따라 사용하는 단계가 지나면 생산자가 생각하는 기록의 중요도는 적어지게 되고 무시되어 파기될 수도 있다. 기록 이용자들 또한 흔히 기록을 순전히 연구를 위한 자료로서 그들이 품은 물음에 대한 대답의 정도에 따라 그 가치가 결정되는 정보 전달수단으로 간주한다. 이용자들에게도 역시 기록은 어떤 직접적인 목적을 위한 하나의 수단일 뿐이다.

아키비스트가 기록에 대하여 갖는 시각은 이보다 넓다. 아키비스트는 전문직의 입장에서 자신이 하는 작업을 제어하고 좌우하는 특성을 지닌 나름대로의 분석과 사고의 습성을 키워왔음을 알 수 있다. 아카비스트는 기록이 단지 한가지 쓰임새만 갖는 것이 아니라 당장 예측할 수는 없지만 다양한 이용에 필요하다고 생각한다. 아키비스트 직무의 목표는 그러한 다양한 목적으로 기록을 용이하게 활용하도록 하는 것에 있다. 아키비스트는 그들이 직업적 경험을 통해 개발해 온 지식적 기초와 공통의 가치관에 의거하여 이러한 목표를 이룬다. 따라서 기록관리 실무에 해당하는 다양한 활동을 고찰하기 앞서, 그러한 활동이 나오게 된 관점을 이해하는 것이 필요하다.

## 3.1 지식

아키비스트는 대학원의 기록관리학 교육에서, 직장에서의 경험으로부터, 계속적인 전문직 교육을 통해서 자신의 업무에 적용할 지식을 쌓는다. 기록관리 지식의 중점은 다음 네 가지 범주에 두어진다. 우선 첫째, 기록을 만든 개인·조직·기관에 관한 지식 둘째, 기록에 관한 지식 셋째, 기록 이용에 관한 지식 그리고 넷째, 기록 관리에 관한 가장 적합한 원칙에 관한 지식이 그것이다.

### 3.1.1 개인·조직·제도에 관한 지식

아키비스트는 종이 또는 전자형식으로 생산된 인간활동의 산물을 가지고 일하는 사람이므로 그들에게는 그러한 인간 활동의 양상과 그 가능성에 관한 폭넓은 지식이 필요하다. 아키비스트는 직접적으로는 결코 경험하지 못할 장소나 사건을 자신이 관리하는 기록을 통해서 가상으로 경험하게 된다. 그럼으로써 그렇게 하지 않으면 알 수 없는 것을 배우면서 사고 범위를 확장시킨다. 역사협회에 보존되어 있는 개척기의 일기에는 이민과 정착시기의 정서가 투박한 인간의 언어로 서술되어 있다. 가족문서 컬렉션에 포함된 젊은 여인의 편지에는 모성애, 육아, 그리고 직업 선택 등의 일이 담겨 있다. 기관부설 기록관에 소장되어 있는 자선단체 설립기의 문서를 통해서는 설립 당시의 열정을 느낄 수 있다. 아키비스트는 남겨진 기록을 통해서 알 수 있는 일을 직접 경험하지는 않는다. 아키비스트는 상대적으로 좁은 수집범위의 기록관에서도 기록을 통해서 넓은 범위의 개인이나 집단과 접하게 마련이다. 아키비스트가 접하는 것은 모두 다 좋아할만한 사람들에 관한 일은 아니지만 나름대로 이야기 될만한 게 있는 경우이다.

이렇게 아키비스트는 기록을 통해서 인간 삶이 복잡하며 그 표현 또한 다양하다는 것을 알게 된다. 기록을 통해서 어떠한 활동인지 또 어느 정도 복잡한지를 관념적으로 인식하게 되는 것이다. 모든 노력에서는 개인의 책임과 행동이 중요하지만 그렇다고 혼자서 활동하는 개인은 거의 없다. 예를 들어 사회복지 사업은 더 이상 공공기관이나 민간기관을 막론하고 심지 깊은 몇몇 선의를 가진 사람들만의 일은 아니다. 오히려 매우 많은 개인의 집합적 활동이 조화된 결과가 사회복지사업이다. 방대한 관료조직의 발달이 그것을 가능케 하였으며 이러한 관료조직에서 사회사업에 종사하는 사람은 수혜자와 직접 접하지 않고 일하는 경우도 흔하다. 재원을 관리하는 회계담당이나 직원 채용을 맡은 인사담당자는 사회복지 서비스의 수혜자를 방문하는 일을 담당한 사람만큼이나 많은 역할을 맡고 있다. 현대사회에서는 개인영역에서 필요로 하는 것도 다양해졌으며 자원봉사단체에 가입하여 많을 일을 수행하면서도 좀더 참여범위를 확대시키는 사람이 많아졌다.

기록은 광범위하고 상호연계되어 있는 중첩된 현상 전반을 담고 있어 그것을 다루는 아키비스트는 그러한 복잡함과 집합적 활동이 지닌 의미를 인식하게 된다. 그리하여 아키비스트는 특정한 활동 배경을 가장 중요한 것으로 여겨 유사한 활동이라도 배경이 다르면 상당히 다른 의의를 갖는다는 것을 알게 된다. 또한 아키비스트는 이러한 활동을 우연의 산물이 아니라 인간이 벌인 의도적이면서도 복잡한 과정의 산물로 재구성하여 체계화시켜 이해한다. 아키비스트는 이러한 과정을 기록에 담긴 과정의 추이를 통해 관념적으로 알게되는 것이다.

예를 들어 19세기 고아원의 기록은 여러 줄로 나뉘어 있는 양식의 대형 장부에 아이들에 관한 정보가 한줄 한줄 기재되었다. 그러다가 20세기에 오면 이같은 대형장부는 고아별로 두툼하게 모든 서류가 들어 있고 또 계속 해서 기록이 추가되는 문서철 형식의 케이스파일로 대체되었다. 두 사례에서 알 수 있는 것은 기록을 만든 사람들이 각각 복잡한 정도는 다르지만 기본적인 목적에 부합하는 형식으로 아이들을 설명할 수 있는 기록을 유지하고자 했다는 사실이다. 오늘날의 기록 이용자는 근본적으로 기록형식이 아니라 기록에 담긴 정보에 보다 관심을 두게 마련이며 그 예는 어떤 아이가 어느 고아원에 있었는지에 관한 것에서부터 일정 시기에 있어 고아원의 인구통계상 특성 같은 일반적 현상에 이르기까지 다양하다.

아키비스트라면 다음과 같은 매우 다른 종류의 질문을 제기할 것이다. 기록은 원래 어떻게 유지되었으며, 의미를 왜곡하지 않고 원래의 체계가 어떻게 재구성되었는가? 초기의 기록관리 상태가 현재의 이용자들에게 어떻게 설명될 수 있으며 그러한 설명을 통해 전혀 예기치 못한 새로운 질문에 답을 주는 정보를 얻을 수 있을 것인가? 한편으로는 실무상의 고려사항도 있다. 제본된 책은 파일이 들어있는 박스들보다 일렬로 촘촘히 배치할 수 있을 것이므로 이를 고려했을 때 비워두어야 하는 공간은 얼마인가? 기록이 원래 어떠한 물리적 환경에 있었으며 훼손의 진척을 늦추거나 복구하기 위해서는 어떤 조치를 취해야 할 것인가? 일정기간 동안 이용을 제한해야 할 민감한 정보가 담겨 있는가? 아키비스트는 그 자신이 계속 변화하는 기록의 본질과 더불어 함께 살아가고 있으므로 생산자나 이용자 어느 한 쪽만을 전적으로 중시하지 않는 방식으로 기록이 지닌 전반적인 성격 그 자체를 이해할 수 있어야 한다. 이러한 폭 넓은 관점이 아키비스트가 생산자나 이용자와 다른 점이며 기록에 대한 아키비스트의 상이한 접근방식을 구별하는 척도인 것이다.

아키비스트는 이처럼 기록 내용만이 아니라 그러한 기록이 유래한 구조나 시스템 역시 시간이 갈수록 복잡해져 왔다는 사실을 알고 있다. 고아원의 케이스파일에는 과거 장부형식에서 볼 수 있는 간단하면서도 아무렇게나 적어 넣은 의견들이 세심한 테스트나 자세한 심리분석 결과로 대체되었다. 뒤에 만들어진 기록이 좀더 자세한 것은 이것이 일련의 작은 단계들을 거쳐 커다란 목적을 이루는 분명한 공식적 구조에 의한 결과이기 때문이다. 기록과 관계된 이와 같은 변천은 아키비스트의 관점 그리고 그에 연유한 활동과 관계가 없는 사람이라면 그렇게 주목할만한 중요한 점은 아닐 것이다. 대체로 기록 생산자 대부분의 주안점은 당장 수행해야 할 직무이며 기록 그 자체는 그 다음의 부차적인 것이다. 기록 이용자는 질문 가능한 수많은 내용 중 자신에 필요한 한 두 가지에 대해서 답을 구하지만 커다란 조직적 배경이라는 기록생산의 맥락은 놓칠 수 있다. 궁극적으로 아키비스트는 기록물과 그것이 만들어진 활동 그리고 그 기록에 담긴 정보 모두에 관해 설명할 수 있는 보다 넓은 안목을 가지고 살펴 연구하도록 훈련받고 또 그렇게 실천한다. 아키비스트는 이를 통해서 개인이나 조직이 기록을 통해 스스로를 어떻게 드러내는지 알 수 있다.

아키비스트는 이상에서 말한 통찰력으로 기록을 만들어 낸 사람과 기록 그 자체 사이에 형성된 근본적인 관계를 알 수 있게 된다. 별개의 활동에서 만들어진 기록에 각각 무슨 특성이 나타나는가? 기록 생산과정은 시간의 경과에 따라 어떻게 변화되는가? 그러한 현상들을 명료하게 알 수 있는 기록에서의 변화 증거는 무엇인가? 이는 곧 달리 말하면 기록을 통해 제공되는 다른 경험들을 볼수 있는 창이 얼마나 깨끗한가라는 물음이다. 아키비스트는 이상의 모든 질문이 개인이나 기관이 기록을 생산하는 이유와 방법에 관한 지식이 있어야만 답변할 수 있는 매우 중요한 문제라고 받아들인다.

### 3.1.2 기록에 관한 지식

기록이 만들어진 구조와 과정에 관해 알게 되었다는 것은 곧 전반적인 것이든 특정한 것이든 기록 자체에 관해서도 상당 부분을 알게 되었음을 의미한다. 문서의 서체나 서법의 변화를 연구하는 팰리어그래피(paleography)와 문서의 형식이나 양식이 문서의 내용에 미친 영향을 탐구하는 디플로매틱스(diplomatics) 등 기록관리 일과 관련된 두 학문 부문은 기록 그 자체를 목적으로 한다.[65] 아키비스트는 속성상 이러한 학문분야

보다 좀더 폭넓게 기록물 컬렉션의 주제별 내용과 관련된 것을 연구한다. 그렇지만 사서가 일과 중 책을 읽는데 보내는 시간의 비중이 높지 않은 것처럼 아키비스트도 자기계발이나 흥미를 위해 기록을 읽는데 많은 시간이 보내지는 않는다. 아키비스트는 부족한 사전지식에도 불구하고 기록의 수집, 조직 그리고 이용자서비스 과정에서 많은 양을 기록의 내용을 통해 공부한다. 예를 들어 주립기록관의 아키비스트는 그 주 출신이 아니더라도 자신이 일하는 기록관이 설립된 주에 관한 자세한 지식을 쌓게된다. 주로 특정 종교나 인종에 관한 기록을 소장한 기록관의 아키비스트는 비록 그 종교를 믿지 않거나 인종이 다르더라도 그에 관해 많은 것을 배우게 된다. 아키비스트는 항상 기록의 주제와 관련된 문제와 씨름하게 되어있으므로 자신이 관리하는 기록물과 관련된 역사 또는 다른 쟁점들에 관한 세부적인 지식을 쌓게 되는 것이다.

그렇지만 어떠한 특정 주제에 관한 지식보다 중요한 것은 조직의 환경이나 개인의 삶 속에서 기록이 어떤 기능을 하는가에 관한 일반화된 이해이다. 아키비스트는 이러한 이해를 흔히 **기록 생애주기(lifecycle)**로써 설명한다. 이 개념은 대체로 레코드매니저들에 의해 발전되어 왔는데 여기에는 기록이 마치 생명을 가진 인간처럼 상이한 단계로 구성되는 삶의 주기를 거친다는 생각이 담겨 있다. 기록의 생애주기는 생산, 활용, 저장, 처리의 4단계로 구분되는데 아키비스트는 기록을 가장 잘 관리할 수 있는 것은 기록생애주기의 각 단계에서 기록을 이해하는 것이라고 간주하며 나아가 각 생애주기 단계가 다른 단계에 영향을 미친다고 인식한다.

기록은 생산단계에서의 특정 기능을 수행하기 위해 일정한 형태의 특정 기술에 의

---

65) 'paleography'와 'diplomatics'는 모두 '고문서학'으로 번역할 수 있지만 학문적으로는 다른 내용을 담고 있다. 'diplomatic'이라는 말의 어원은 희랍어의 '접다(fold)'라는 뜻의 diploo(διπλοω)에서 연유한 'diploma(διπλοωμα)'이다. 그리스시대 'diploma'는 경첩이 달린 두 개의 명판에 쓰여진 문서라는 의미였는데, 로마시대에는 시민권판결문이나 결혼증빙서 같이 황제나 원로원이 발행한 특정 형식의 문서로 통했다. 통치권력이 발부하는 증서 일반이었던 의미는 다시 종교적인 장엄한 형식으로 작성되는 모든 문서를 포함하는 것으로 확대되었다. diplomatics는 라틴어 *'res diplomatia'*에서 유래한 것으로서 그 뜻은 'diploma'의 형식을 비판적으로 분석한다는 것이다. 'diplomatics'와 'paleography'가 각각 구별되는 내용을 가진 분야로 자리잡은 것은 텍스트 비판에 관한 기본방식을 정립했다고 평가되는 베네딕트 계 수도사 Dom Jean Mabillon의 1681년 저작인 *De Re Diplomatic Libri VI*가 계기였다. Mabillon는 이 책에서 200여 종의 문서를 대상으로 재질, 잉크, 언어, 문체, 구두점, 관용구형식, 첨기문자, 인장(印章), 공문서보관소(chancery) 주기 등을 분석하여 분류하였다. 책을 구성하는 6개 논문 중 5개는 문서형식 비판이었고 나머지 한 개는 서체나 문체 분석에 할애하였는데 전자와 후자는 각각 diplomatics와 paleography 논문의 효시로 간주되고 있다. Luciana Duranti, *Diplomatics*, (Lanham, Maryland, London: Scarecrow press inc., 1998) pp 35~40. 〔역주〕

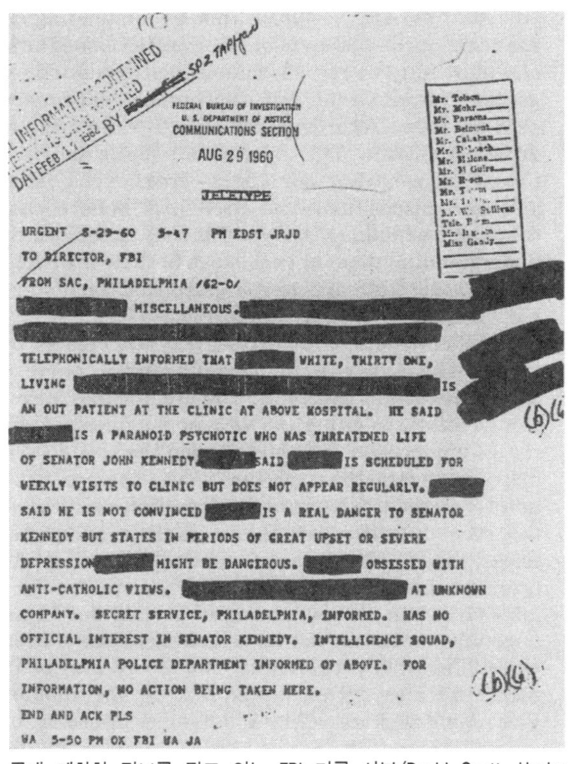


공개 제한한 정보를 담고 있는 FBI 기록 사본(David Scott, Husky Photos, Federal Bureau of Investigation 제공)

해 생산된다. 기록생산자는 지속적으로 형식과 기능 두 가지 모두에 관해 숙고한다. 기록은 단지 도구일 뿐이며 도구가 하는 일은 도구 그 자체보다 중요하게 마련이다. 그렇지만 아키비스트는 기록이라는 도구와 그 도구가 지니는 기능간의 필연적 관계를 파악함으로써 어떤 기록도 의도적이든 아니든 생산될 때 결정되는 그 어떤 것이 미래에 나타나는 의미와 활용에 영향을 미친다는 점을 안다. 문서에 담긴 정보가 흔치 않은 방식으로 되어 있다면 그 활용이나 심지어는 내용을 읽는 것 조차 문제일 수 있다. 육안으로 읽을 수 없어 마이크로필름판독기, 프로젝터 또는 다양한 컴퓨터 하드웨어와 소프트웨어가 필요한 경우가 이에 해당될 것이다. 또 어떤 기록은 너무 커서 저장이나 처리에 어려움이 있을 수 있다. 그리고 어떤 경우는 장기간 또는 영구보존을 염두에 두고 생산되었지만, 애초 의도와 달리 한시적으로만 보존할 수밖에 없는 자료로 기록이 만들어질 수도 있다. 결국은 기록관에는 이러한 문제들을 가진 많은 다양한 기록이 소장되므로 아키비스트가 하는 일은 기록 생산시에 결정된 결과로부터 자유로울 수 없다. 따라서 아키비스트가 기록생산 당시의 상황을 인지하는 것은 중요한 일이다.

　기록은 필연적으로 일정한 활용을 위해 생산되는 것인데 이러한 활용은 기록생애주기의 두 번째 단계이다. 기록의 활용은 즉각적일 수도 장기적일 수도 있으며 시간의 경과에 따라 변화할 수도 있다. 아키비스트는 기록의 활용가치나 기록에 담긴 정보의 유용성을 우선시하는 경향이 있지만 이러한 활용이 수반하는 문제도 잘 알고 있다. 예컨대 다음의 의문들이 그것이다. 어떤 기록에 있어 그것을 볼 수 있는 법적, 도덕적 기타 다른 종류의 권한은 누구에게 있는가? 그리고 기록의 활용을 제한해야 하는 이유는 무엇인가? 활용이 매우 빈번하여 물리적으로 낡게 된 기록에 어떤 조치를 취해야 하는가? 활용도는 얼마나 변할 것인가? 더러는 기록의 가치가 오랜 기간동안 변하지 않는 예도 있다. 가령 고건축물의 청사진은 건물이 서 있는 동안은 어떤 면에서는 현용 기록이라고 할 수 있다. 반면 어떤 기록의 활용기간은 매우 짧다. 주간보고서는 일단 그 통계정보가 월간보고서를 내는데 편집되어 들어가면 이내 낡은 것이 된다. 아키비스트는 각 기록정보의 활용주기가 매우 다르다는 점을 파악하고, 기록 생애주기에서의 활용단계를 판단할 때 이러한 다양성을 분명하게 염두에 둔다.

계속 사용 중이든 아니든 기록은 일정하게 파일링하여 보관할 필요가 있는데 아키비스트는 그러한 기록이 실제로 기록관에 이관되기 전이라도 보관에 관한 문제를 고려할 필요가 있다. 특히 아키비스트는 어떻게 효과적으로 보관할 것이며 또 필요할 때 어떻게 찾을 것인가 하는 문제를 생각해야 한다. 파일캐비닛, 상자, 선반 등 어떤 종류의 보관설비가 비용면에서 가장 효과적인가? 그리고 기록을 어떻게 보관하는 것이 가용 공간으로부터 얻을 수 있는 이익을 극대화하는 방법인가? 얼마나 높이 쌓을 수 있으며, 신속한 검색은 가능한가? 기록을 보관하는 공간이 견딜 수 있는 무게 하중은? 보관 구역의 환경이 물리적으로 자료의 장기 보존에 적합한가? 거대한 기록물의 부피를 줄이기 위해서나 기타 다른 이유로 해당기록을 마이크로필름과 같은 다른 매체형식으로 대체하는 것이 불가피한가? 보관기록의 정리상태는 어느 정도 복잡하며, 또 얼마나 손쉽게 찾고자 정보를 알려줄 수 있는가? 기록을 생산했거나 이용하는 사람이라면 이상의 고려사항을 크게 염두에 두지 않을 것이다. 편리할 때 이용할 수 있도록 가까운 곳에 정보가 보관되어 있는 한 다른 것은 별 고려사항이 아니라는 것이다. 아키비스트나 레코드매니저와 달리 이들은 보관을 복잡하며 계획적이며 체계적인 방식으로 해결해야 할 문제로 간주하지도 않고 또 자신들이 해결해야 할 일이라고 생각하지도 않는다.

직접적인 목적으로 활용이 끝난 다음 단계는 기록 생애주기 마지막 단계인 처리(disposition)이다. 기록생산자들에게 처리란

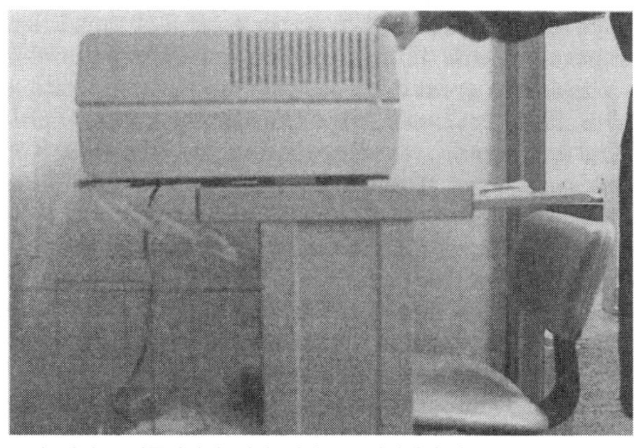

문서 파쇄는 기록처리의 여러 방식 중 하나이다. (David Scott, Husky Photos)

새로운 기록을 보관할 자리를 마련하기 위해 이전 기록을 치우는 것을 의미한다. 아키비스트는 흔히 형식상 레코드센터로 불리는 곳에서 집중 보관하기 위해 임시로 기록을 이전하는 것 그리고 기록관에서의 장기 보관이라는 두가지 관점에서 처리라는 용어를 보다 넓게 사용한다. 처리과정에서 원래의 의미로는 쓸모가 없어진 기록이라도 또 다른 쓰임새가 있을 가능성이 있으며 그러한 잠재적인 활용이 기록을 보존하거나 파기하는 결정을 내리는데 영향을 미쳐야 한다. 따라서 아키비스트는 처리에 관한 넓은 범위에 걸친 선택사항들을 확인하고 특정 사례에 맞는 가장 적절한 것을 택할 수 있게 된다. 아키비스트는 처리 이전 생애주기의 모든 단계 이해함으로써 처리단계에서 적절한 판단을 내리는데 필요한 정보를 얻게 되는데, 이 정보에는 기록을 남길 것인지 말 것인지 여부를 결정하기 위한 지식이 풍부하게 담겨 있다.

또한 아키비스트는 기록이 기록관에 도착하기까지 거쳐온 단계에 관한 지식의 범위를 넘어 기록관에서의 보존에 관한 기술상의 문제를 담은 세부지식을 개발하여 그들 나름대로의 방식을 추구한다. 그러한 지식에서 가장 우선적인 것은 보존할 기록의 물리적 성격과 구성 방법에 관한 것이다. 아키비스트는 기록된 자료의 형식을 알아내는 방법에 관해 연구한다. 아키비스트는 정보를 기록하고 파일링하는데 사용되는 다양한 체제에 정통하다. 예컨대 아키비스트는 등사인쇄된 편지나 서랍을 가득 채운 먹지 사본을 만들게 된 환경을 파악하고 좀더 특별하게는, 시대적 특성을 반영하는 문서 유형과 그 형식에 관한 지식에 기초하여 합리적인 추론을 벌임으로써 기록의 연대를 거의 정확하게 판단할 수 있다. 아키비스트는 종이와 잉크의 종류, 크기와 형식, 필기 유형, 심지어는 느낌과 냄새를 통해서 기록에 관한 그 무언가를 알아내는데 그러한 능력으로 20세기 편지들 속에서 18세기 것을 쉽사리 찾아내기도 한다.

아키비스트는 이상과 같은 지식을 동원해 모조품이나 위조품으로부터 진본문서를 구분함으로써 기록의 원본성 여부를 판단하기도 한다. 만약 18세기의 물리적 특징을 갖고 있는 기록이 20세기에나 해당될 주제를 담고 있다면 이는 분명 문제가 있는 것이다. 아키비스트는 다른 사람들이 알지 못하는 방법으로 이같은 이상한 점들을 밝혀낸다. 기술에 관한 지식은 아키비스트가 기록의 물리적 손상과정을 이해하고 그 과정을 막거나 반전시킬 수 있는 계획을 세울 수 있을 만큼 충분히 세분화되어 있다. 잘 훈련된 경험 많은 아키비스트가 당연히 초보자 보다 수월하게 그리고 확신을 가지고 갖가지 결정을 내릴 수 있을 것이다. 그렇지만 대체로 모든 아키비스트들이 위의 방식으로 자신들의 지식을 풍부히 하여 그들만의 관점으로 기록을 검토하는 방법을 배운다.

### 3.1.3 기록이용에 관한 지식

아키비스트가 기록의 종류와 이관된 곳 그리고 생산된 내력을 알고 있다는 것은 곧 그 기록이 여러 가지 목적에 이용될 가능성에 대해서도 알고 있다는 것을 의미한다. 아키비스트가 자료에 들이는 모든 노력과 열정은 사실상 그것이 영구적으로 활용될 것이라는 기대에 의해 정당화된다. 아키비스트의 입장에서 볼 때 유일한 원본인 기록정보를 과거에서 현재로 남기는 일이나 그것을 조직하는 일은 그 자체가 목적은 아니다. 이러한 노력은 사람들의 이용에 의해 정당화되는 것으로 그 같은 활용을 가능하게 만드는 것이 곧 아키비스트의 일이다.

아키비스트는 폭넓은 시각을 가졌다는 점에서 다른 기록 이용자들과 구별된다. 기록 생산자나 이용자가 단지 특정한 시점에서의 직무나 연구수행과 관계되는 현재의 가치로 기록정보를 판단한다면 아키비스트는 좀더 제한 없는 잠재적인 가치에 주목한다. 아키비스트는 어떤 기록에 대하여 방금 어떤 사람이 어떤 문의를 했는데 그 이튿날이나 심지어 같은 날 오후에 다른 사람이 같은 기록에 대해 다른 질문을 해올 수 있다는 사실을 알고 있다. 이러한 양상은 분명 끝없이 계속될 것이기 때문에 아키비스트는 기록을 조직하는데 있어 어떤 한 사람에게는 편리한 반면 다른 사람들에게는 활용과 이해 모두가 어려운 방식보다는 다양한 질문 전체를 용이하게 처리하기 위한 방식을 선택한다.

이용자들이 기록에 담겨 있는 정보를 요청하는 이유는 끊임없이 변동하는데 아키비스트에게 그러한 변동은 중요한 것이다. 정부 인구조사 자료나 카운티 및 타운 등 지방에서 관리해 온 출생, 결혼, 사망 등의 기록은 기록관에서의 기록 이용이 지닌 복합적이며 예측불가능한 특성을 보여주는 좋은 예이다. 이 기록에 담긴 정보는 우선 전적으로 실무적이며 다른 어떤 것을 수행하기 위한 수단이다. 연령이나 개인 생활수준 등 법적 증거나 그로부터 비롯된 다른 많은 이점이 이러한 기록으로부터 제공된다. 투표권, 운전면허자격, 성인용 상품의 구입자격 등을 얻기 위해서는 일정 연령이 되었는지 증명할 필요가 있다. 또 인구조사 통계정보에 따라 지방 및 국가의 입법부가 특정 계획을 추진하기도 한다.

아무리 중요하더라도 이러한 당장의 활용은 일시적인 것이다. 아키비스트는 동일한 같은 기록이 원래 활용도가 없어진 후에도 또 다른 중요함에 따라 이차적으로 활용될 수 있다는 점을 안다. 족보학자들은 특정시대의 어떤 개인에 관한 정보를 찾고자 노력하면서 기록과 관련한 새로운 물음을 제기한다. 변호사는 부동산의 권리 설정할 때 친

족 관계를 재구성하려 한다. 정부 또는 민간부문의 도시계획 입안자들은 도시형태, 조경, 생활동향 등에 영향을 미치게 될 인구경향과 그 추이에 관한 정보를 찾게 된다. 역사가들은 과거에 관한 그림을 그리는데 있어 인구의 증감을 그 외 다른 요인들과 결부시킬 것이다. 이같은 기록의 활용은 애초에 기록 생산자들이 염두에 둔 것은 아니었다. 아키비스트가 준비하는 것은 이러한 활용 모두에 대비한 것이다.

기록의 용도가 변화하는 정도는 사적인 기록에서는 덜 분명하다. 일기나 사적인 편지에는 인구조사 기록과 같은 실무적 목적은 없다. 그럼에도 불구하고 그 기록은 만든 사람이나 받는 사람에 의해 믿을 수 있는 정보로 유지된다. 개인문서는 다른 공간에 있는 이들과의 의사소통을 위해 또는 단지 그렇게 만들어 놓지 않으면 다 잊어버릴지도 모르는 것을 기억하기 위해 생산된다. 그렇지만 후대에 기록을 읽는 사람들은 그 기록의 다른 쓰임새를 발견할 것이며 그럼으로써 이전에는 생각하지 못했던 목적을 이룰 것이다. 후대의 이용자들은 '행간을 읽음으로써' 오고 간 서신들의 상호역동성을 파악하고 그것을 재구성할 수 있다. 당대에는 명백하지 않았을 점진적인 변화가 드러나면서 시간의 전개에 따라 발현되는 지성이나 인격이 관찰될 수도 있다. 또 초고 단계에서 하나의 걸작으로 모습을 갖추어 가는 의식적인 문학적 생산과정을 짚어 볼 수도 있을 것이다. 다른 한편으로는 학문적인 연구목적의 주제를 탐구할 수도 있고 단순히 자신의 가문이나 자신을 이해하기 위한 관심에서 기록들을 추적할 수도 있다. 이 모든 것이 기록된 정보가 원래의 의도와는 분명 다르게 이용되는 사례이다.

플리머드 식민지 총독 윌리엄 브래드포드는 매일매일의 사건을 기록하고 신의 위력을 드러내기 위하여 기록을 유지하였다. 이 기록은 오늘날 다른 이유로 유용하다.(State Library of Massachusetts 제공)

아키비스트는 기록을 접하는 그 어떤 사람들보다 계속하여 변화하는 유용성을 파악하기에 나은 위치에 있다. 이러한 넓은 관점을 위해서는 다소 분명치 않은 많은 경우를 포함하여 모든 종류의 이용을 수용할 필요가 있다. 물론 모든 기록이 다양하게 활용되는 것은 아니다. 그러므로 아키비스트는 사소하고 가치가 분명치 않은 기록이 '누군가, 어디에선가, 언젠가' 흥미를 갖게 될 지도 모른다고 무리하게 생각하는 함정에 빠지지 않도록 노력한다. 그럼에도 불구하고 아키비스트는 매우 다양한 가능성을 기록에서 찾으며 융통성을 가지고 자신의 일을 풀어나간다. 아키비스트는 가능한 모든 기록 이용자들을 돕고자 자신이 관리하는 기록에 관한 체계적인 정보를 지속적으로 모으고 그것을 기록 이용자들에게 전달하는 일에 대한 책임을 맡는다.

### 3.1.4 기록관리원칙에 관한 지식

기록생산자, 기록, 기록이용 등 아키비스트가 갖추어야 할 세 가지 지식 영역은 기록을 조직하고 관리하는 적절한 원칙에 관한 지식과 결합되어야 한다. 가장 중요한 것은 다양하고 용도가 예측불가능한 모든 기록을 이용하기 편리하게 하는데 중점을 두는 것이다. 기록 생산 당시 일정한 논리적 질서를 가진 자료는 생산 이후의 생애주기 단계에서 그 질서를 잃어버릴 수도 있다. 그래서 원래 존재했던 논리적 일관성을 복원하는 것은 기록관리의 중요한 과제이다. 원래의 질서가 심하게 파괴되어 무질서와 혼란스러움만 남았다면 이러한 복원작업은 특히 어려운 일이 될 것이다. 그래서 아키비스트는 도서관 사서와 함께 체계적인 방식으로 자신이 관리하는 자료를 조직하고 또 이를 성문화하여 정보를 검색하는 이용자들에게 전달하는 임무를 분담하는 것이다.

아키비스트는 이상을 기록에 대한 **지적·물리적 통제**를 성립시키는 과정으로 설명한다. 지적 통제란 컬렉션을 구성하는 각각의 기록물은 무엇이며, 어디에서 온 것인가 또한 각 부분은 서로 어떻게 연결되는가를 파악하는 것을 말한다. 이러한 지적 통제를 이룸으로써 어떤 물음에 대해서도 다양한 차원의 구체적인 대답이 가능하게 된다. 이 같은 지적 차원의 이해는 자료가 실제로 존재하는 물리적 위치를 언급하지 않아도 가능하다. 즉, 기록의 정확한 질서나 위치를 설명할 수 없어도 기록 컬렉션에 담겨 있는 내용이 무엇인지는 알 수 있다는 것이다. 마치 완전히 맞추기 전에도 완성된 퍼즐에 담길 멋진 전원 풍경을 말하는 것이 가능하듯이 아키비스트는 컬렉션을 구성하는 각 부분들이 어떻게 서로 연계되는지를 구체적으로 충분하게 파악하기 전에도 집합적으로 어느 정도는 컬렉션에 대해 알 수 있는 것이다. 따라서 지적 통제를 이루는 것은 무

## OUTLINE OF THE LIBRARY OF CONGRESS CLASSIFICATION

**A   GENERAL WORKS**
AC - Collections
AE - Encyclopedias
AI - Indexes
AN - Newspapers
AP - Periodicals

**B   PHILOSOPHY-PSYCHOLOGY-RELIGION**
B  - Collections, History
BC - Logic
BD - Metaphysics
BF - Psychology
BH - Esthetics
BJ - Ethics
BL - Religions, Mythology
BS - Bible

**C   HISTORY-AUXILIARY SCIENCES**
CB - History of Civilization
CS - Genealogy
CT - Biography

**D   HISTORY**
D  - General History
DA - Great Britain
DC - France
   etc.

**E   HISTORY: AMERICA (GENERAL) AND UNITED STATES (GENERAL)**

**F   HISTORY: UNITED STATES (LOCAL) AND AMERICA EXCEPT THE UNITED STATES**
F 1-970 United States (Local).
F 1001-1140 Canada
F 1201-1392 Mexico

**G   GEOGRAPHY-ANTHROPOLOGY**
G  - Geography, Atlases
GB - Geography, Physical
GN - Anthropology
GR - Folklore
GV - Sports

**H   SOCIAL SCIENCES**
H  - Social Sciences
HA - Statistics
HB - Economic Theory
HE - Transportation and Communication
HF - Commerce
HG - Finance
HJ - Public Finance
HM - Social History
HQ - Family, Marriage, Women, etc.
HV - Social Pathology and Corrections
HX - Communism, Socialism and Anarchism

**J   POLITICAL SCIENCE**
J  - Documents
JA - General Works
JC - Theory of the State
JF-JX Constitutional History
JK - United States

**K   LAW**

**L   EDUCATION**
LA - History of Education
LB - Theory & Practice
LD-LT Universities and Colleges

**M   MUSIC**

**N   FINE ARTS**

**P   LANGUAGE AND LITERATURE**
P  - Philology and Linguistics
PA - Greek and Latin
PB - European Languages
PC - Romance Languages
PE - English
PF - German
PG - Slavic
PM - American Indian
PQ - Romance Literatures
     PQ 1 - 3981 - French
PR - English Literature
PS - American Literature
PZ - Juvenile Literature

**Q   SCIENCE**
QA - Mathematics
QB - Astronomy
   etc.

**R   MEDICINE**

**S   AGRICULTURE**

**T   TECHNOLOGY**

**U   MILITARY SCIENCE**

**V   NAVAL SCIENCE**

**Z   BIBLIOGRAPHY**
Z 116-550   - Book Industry
Z 665-997   - Libraries, Library Science
Z 1001-9000 - Bibliography

미 의회도서관 분류시스템의 주제범주 (David Scott, Husky Photos)

엇보다도 선행되어야 할 첫 번째 단계이다.

물론 물리적 통제의 다음 단계도 필수적인 과정이다. 첫 단계가 기본적인 지적 통제의 성립을 이루는 것이라면 그 다음 단계는 물리적인 통제이다. 기록 퍼즐을 단지 내용만 아는 것으로는 충분하지 않다. 필요할 때 찾을 수 있도록 기록이 어디에 있는지 아는 것도 필요한 것이다. 컬렉션을 구성하는 기록내용에 관한 지식이 의미있는 것이 되려면 컬렉션 각 부분들의 실물을 찾을 수 있어야 한다. 도서관에서든 기록관에서든 지적 통제와 물리적 통제를 성립시키는 일은 자료를 조직하는 기능의 중심에 위치한다. 컬렉션중에서 파악하기 어려운 일부분이 있다 하더라도 소장 기록 전반은 지적으로나 물리적으로 모두 통제될 수 있어야 한다.

도서관에서의 지적 통제와 물리적 통제는 긴밀하게 연계되어 있다. 제대로 돌아가는 도서관 시스템이라면 책은 목록의 번호 순서에(지적 통제)에 따라 서가에 배치(물리적 통제)된다. 그렇지만 아키비스트는 다루어야 할 자료의 성격이 다르기 때문에 자료의 조직에 대해서도 다른 방식으로 접근한다. 대체로 출판된 도서는 많은 수의 동일한 책이 있게 마련이다. 그러므로 한 도서관에서 책을 목록하는 방법은 여타 다른 도서관의 목록작성에서도 크게 바꾸지 않고 적용될 수 있다. 그것은 실제 사용중인 분류표가 확장 적용이 가능하도록 생각할 수 있는 모든 주제 분야를 망라하여 만든 듀이 십진분류체계이든, 포괄적인 자료조직 계획에 따른 미의회도서관 체제이든 마찬가지이다. 대부분의 출간 자료는 하나의 주제나 한정된 범위를 담으려는 작가의 의식적 의도에 따른 신중한 행위의 산물이게 마련이다. 따라서 사서는 주제 범주에 기초하여 자료를 조직할 수 있다. 어떤 책이 각각 인상주의 미술사조나 원자력 공학에 관한 것일 수는 있으나 두 가지 모두와 관련될 가능성은 거의 없으므로 각 도서 자료는 동일한 주제에 속한 항목으로 조직하여 관리하는 것이 가능하다. 도서관 이용자가 찾고자 하는 항목과 관련된 인접 주제를 훑어볼 수 있다는 점에서 이는 분명 이점이 있는 시스템이다.

앞서 말했듯이 도서관의 시스템에서 아키비스트가 도움을 받을 만한 것은 많지 않다. 우선 기록물 컬렉션은 다른 동일본이 없이 유일하다. 예컨대 국립기록관에 소장되어 있는 자료는 지역 역사협회에 있는 컬렉션과 완전히 별개였으며 앞으로도 그럴 것이다. 따라서 두 곳 모두에서 제대로 작동될 수 있는 단일 분류틀을 개발하려는 시도는 헛수고이다. 더욱이 기록자료 전반은 인간의 활동에서 비롯된 무의식적인 결과로서 거기에 담겨 있는 주제는 무수히 많을 수 있다. 한 통의 편지에도 가족사, 사업, 직업상의 이해관계 그리고 별로 중요하지 않은 두서없는 생각들이 담겨 있을지 모른다. 그런데 단 한 통의 편지가 아니라 커다란 파일에 담긴 수천 통의 편지를 다루는 것이라면 문제는 더욱 어려워진다. 그 파일 주제가 무엇에 '관한' 것인가를 바로 정확하게 단정하는 일은 결코 쉬운 일이 아닐 것이다. 수많은 주제 영역 중 어느 것을 분류에 사용할 것인가? 만약 하나만 선택한다면 기록에 담긴 다른 주제들은 어떻게 되는가? 매우 다른 질문을 하는 다양한 이용자들 모두가 정보에 쉽게 접근할 수 있도록 하기 위해서 얼마나 많은 상호참조가 필요한가?

이러한 문제로 인해 아키비스트는 기록물 컬렉션을 조직하는데 기록자료 본래의 속성에 부합하는 보다 믿을 만한 원칙을 적용한다. 아키비스트는 이러한 원칙을 **출처주의(provenance)**라고 하는데 이 원칙의 기초를 이루는 사고는 기록을 생산한 개인이나 조직이 기록의 내용을 좌우한다는 것이다. 비록 광범위한 주제를 다루고 있다 하더라도 핵물리학자는 근본적으로 인상주의 화가가 만들어 낸 것과 구별되는 문서들을 생산할 것이다. 그래서 아키비스트는 기록을 생산한 개인이나 단체라는 실체를 기록물을

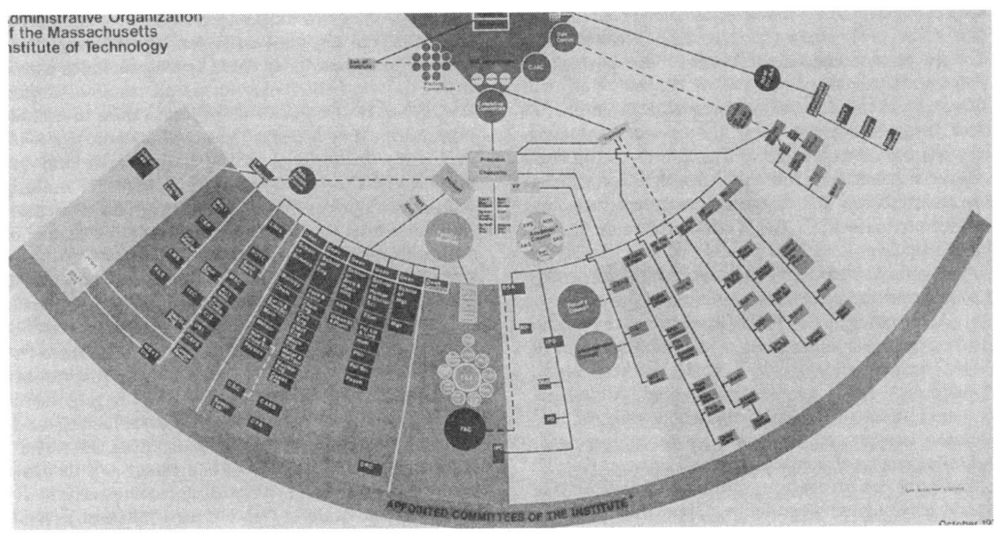

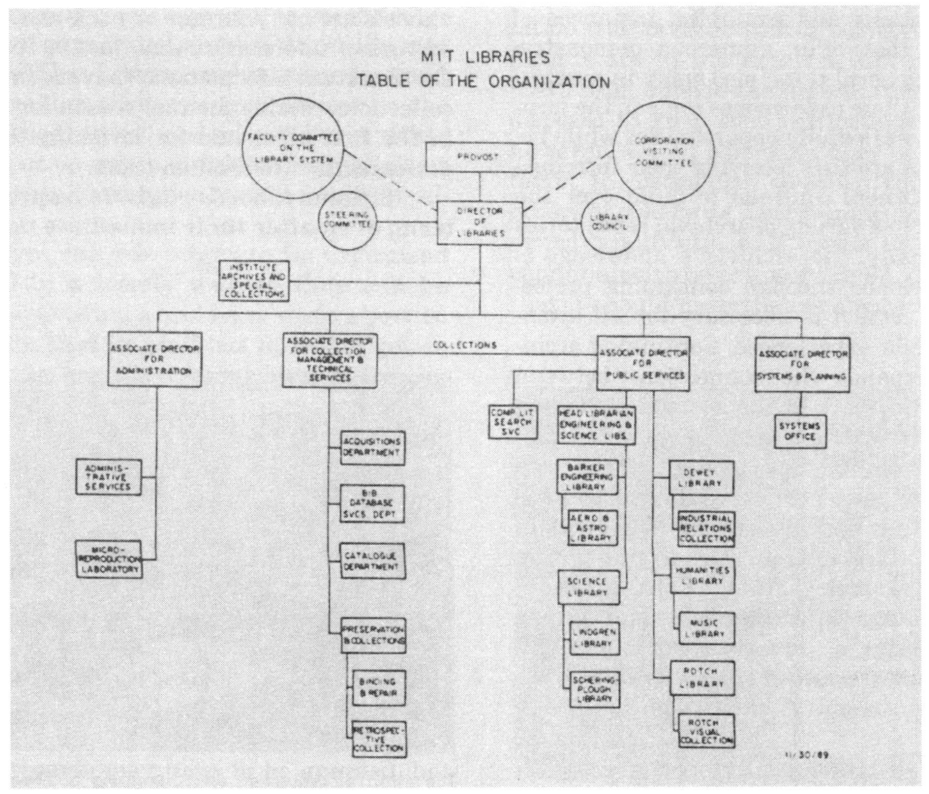


단순하든 복잡하든 조직도표는 아키비스트가 출처를 정하도록 돕는다. (Institute Archives, Massachusetts Institute of Technology)

조직하는 중점 기준으로서 선택하게 되었는데 이는 곧 특정한 기원으로서 하나의 출처에서 비롯된 모든 기록을 함께 유지하는 것을 의미했다. 아키비스트는 기록을 작성한 인물의 관심과 그의 활동 또는 기록을 생산한 단체, 그 단체의 조직구조나 활동 등 기록이 만들어진 기원과 관계된 것을 파악하여 기록을 생산 당시의 자연적 상태에 들어 맞도록 한다. 이러한 접근방식을 택함으로써 정확하게 들어맞지 않을 수도 있는 미리 정해 놓은 주제 범주를 기록에 억지로 맞출 필요가 없게 되었다. 아키비스트는 지적 통제와 물리적 통제를 위해 자료에 가장 적합한 수단을 선택한다.

아키비스트는 출처개념의 유용성에 기반하여 융통성 있으면서도 기록을 통제하는데 적합한 것으로서 **원질서(original order) 존중** 원칙을 추가했다. 일정한 출처에서 생산된 기록은 이미 부여된 질서 하에 존재하게 된다. 기록생산자는 흔히 서로 다른 기능이나 활동을 기반으로 하여 논리적인 그룹으로 기록을 나눈다. 개인 서신은 따로 한 곳에 두고 재정기록이나 기타 다른 기록 역시 어딘가 다른 곳에 모아둔다. 대통령의 모든 기록을 각 부처 장관의 기록과 구분하여 한데 모아 관리하는 등 조직에 있어서 이렇게 기록을 정리하는 것은 분명한 이득을 가져다 준다. 한편 각 파일들 속에는 기록 생산 당시에 성립한 또다른 수준의 질서가 존재한다. 예를 들어 시간 순서로 정리한 서신철이나 피고용인 이름이 알파벳순으로 되어 있는 인사기록파일, 순차적인 일련번호 체계에 따라 정리된 의료기록 등 각각의 정리질서 등이 그것이다. 어떻게 정리했더라도 그렇게 형성된 질서 바로 그 자체는 기록 생산자가 기록을 정돈된 상태로 유지할 목적으로 선택한 것이다.

아키비스트는 원질서를 유지하는 것이 기록관 관리 하에 들어온 기록을 통제하는데 있어 출처유지만큼 중요하다고 인식한다. 아키비스트는 원래의 질서를 존중함으로써 다른 방식을 도입할 필요없이 기록이 가능한 한 그 자체가 지닌 의미에 기반하여 존재하게 할 수 있다. 외양상으로는 논리적이라 해도 주제기반 분류표를 적용하는 범위는 제한적일 수 있다. 잘못된 파일링이나 기타 다른 부주의로 인해 원래의 질서가 부분적으로 불분명한 상태에 있다고 하더라도 어떤 종류의 원질서라는 것이 존재하기만 한다면 제한적인 주제기반 분류표는 오히려 불필요하기까지 하다. 출처주의와 마찬가지로 원질서 존중의 원칙은 주관적으로 보다는 객관적인 방식으로 기록을 다룰 수 있도록 해준다. 아키비스트는 이미 존재하는 원질서와 정리상태를 받아들여 사후에 기록을 다시 재구성하려고 노력하지 않는다.

기록에 대한 사고로부터 얻어낸 이상의 원칙을 특정 기록에 적용하는 일은 아키비스트가 사물을 바라보는 방식을 구성하는 매우 중요한 요소이다. 아키비스트는 다른 사람들과 구별되는 관점을 지니고 있다. 생산자와 이용자가 기록을 볼 때 그들이 '보는' 것은 완수해야 할 업무나 조사할 사안 같은 것이다. 이에 비해 아키비스트가 무엇보다 먼저 보는 것은 기록의 출처와 원질서이다. 이렇게 얻게 된 지식으로 아키비스트가 하는 모든 일의 기초가 되는 컨텍스트의 성립(establishment of context)이 가능해진다. 그러한 컨텍스트는 기록의 기원, 원래의 자연적 정리상태에 따라 성립하는 기록물 조직에 대한 확실한 참조점으로서 아키비스트는 이에 기초함으로써 아무것도 없는 무의 상태에서 분류체제를 엮어낼 필요가 없게 된다. 그래서 아키비스트는 얼핏 아무리 심하게 흩어진 기록이라 할지라도 어떻게 컬렉션의 원질서를 파악하고 출처를 확인해야 하는지 알고 있다.

기록관리에 관한 지식을 습득하는 방법은 매우 다양하다. 가장 우선적으로 들수 있는 경로는 대학원 수준의 정규 학교교육이다. 강의, 전문적인 문헌, 수업 중의 토론, 학생 연구 프로젝트나 사례연구, 실습, 그 외 기초 및 고급과정 등 전문가로 변모하는 계기를 제공하는 수단을 통해서 학생들은 기초적인 지식을 얻는다. 아키비스트는 이러한 기초지식을 토대로 실제 기록을 다루는 과정에서 전문적 경험을 쌓는다. 아키비스트의 지식창고는 이러한 전문 경험에 의해 일반원칙을 특정한 경우에 어떻게 적용해야 하는지를 보여주는 문제 해결을 위한 다양한 사례들로 가득차게 된다. 이 경험 중 어떤 것은 아직 입문교육 중인 초보 아키비스트 단계의 인턴과정이나 실습기회를 통해서 얻어진다. 그밖에 다른 전문 경험은 다양한 종류의 기록관이나 그 외 기록관과 관련된 환경에서 경력을 쌓는 과정 중 지속적으로 형성된다. 마지막으로 아키비스트가 갖게되는 지식은 끊임없는 전문교육에 의해 개선되고 개발되는 것으로서 이는 경험의 종류와 많고 적음에 상관 없이 모든 아키비스트에게 필요한 것이다. 계속적인 기록학 교육의 범위는 다른 사람들의 경험으로부터 배우고 또 유용한 사례를 끌어냄으로써 제한된 개별 경험의 범위를 넘어서는 이론과 실무의 결합에까지 확대된다. 아키비스트는 이러한 '평생교육'을 통해서 자동화나 보존기술처럼 자신의 일과 관련하여 끊임없이 변화하는 분야의 그냥 지나칠 수 없는 도전과 발전에 뒤처지지 않게 된다. 전문가 협회에 가입하고 직장인을 대상으로 하는 교육 워크숍이나 대학의 프로그램에 참가하는 것은 기록관리에 관한 축적된 지식을 연마하는 소중한 수단이다.

## 3.2 가치관

아키비스트는 스스로의 실무 경험의 지식 기초를 드러내어 그들이 하는 일과 그렇게 하는 이유 그리고 그 중요성 등과 관련된 가치관을 발전시킨다. 이러한 전문직의 가치체계는 기록전문직으로서의 행위에 대한 도덕적 책임을 담고 있으면서도 단순한 윤리의식의 범위를 넘어서 광범위한 신념체계까지 포함되어 있다. 이러한 가치관은 가치관념에 따라 아키비스트가 좋거나 나쁘다고 생각하는 바 또는 적절하거나 부적합하다고 생각하는 것으로 구체화되어 전문직 입장에서 내리는 결정들의 기초를 이룬다. 아키비스트가 공유하는 가치관은 다음 몇 가지 전제로 요약할 수 있다.

● 기록이 존재하는 이유는 단지 보존을 위한 보존 때문이 아니라 활용하기 위해서이다.

기록관리에 대한 아키비스트의 책임은 무한한 미래에까지 이른다. 아키비스트는 이러한 책임을 위해 물리적으로 기록을 남기는 일과 그것이 결함없이 관리되었다는 것을 보증할 절차를 세워 실행하는 한편 자신이 관리하는 기록의 보호를 보장하는 확실한 안전방책을 택할 필요가 있다. 여기에는 기록을 조리 있고 이해 가능한 방식으로 조직해야 할 책임도 포함돼 있다. 그렇지만 이 모든 활동은 기록 자체가 아니라 기록을 유용하게 하는 보다 커다란 목적에 그 이유가 있다. 아키비스트는 잡동사니를 모아서 그냥 움켜쥐고만 있는 사람이 아니다. 그들은 중요도에 따라 정보를 보존하는 사람이며 마찬가지로 그에 따라 공유하는 사람이다. 그들에게 있어 기록을 보존하는 진짜 이유 그리고 자신의 시간과 전문가로서의 관심을 기록에 쏟는 이유는 바로 기록의 이용에 있다.

● 기록에 따라서는 즉각적인 유용성이 소멸되었더라도 오랜 기간 보존해야할 것이 있다.

아키비스트는 기록을 이용하는 다양한 이유를 확인하고 또 정당화함으로써 정보의 유용성에 관한 커다란 안목을 키운다. 이러한 다양한 활용이 가능하게 하기 위해 아키비스트는 자신의 생애를 넘는 미래까지 기록을 보존하는 의의를 받아들인다. 비록 그들은 미래에 전해지는 기

기록을 조직하고 보존하는 일의 정당성은 기록이 활용될 때 입증된다.
(John R. Kennedy, Westchester County Archives, New York)

록의 이용방식을 예측하기 어렵고 통제하기는 더 더욱 어렵다고 하더라도 기록을 보호하고 유지하는데 헌신한다.

• 기록은 보존의 컨텍스트 및 연관관계에 관한 중요 정보와 함께 가능한 한 완전하고 조리에 맞게 보존되어야 한다.

이는 아키비스트가 모든 기록을 보존하고 절대로 파기해서는 안 된다고 생각한다는 의미는 아니다. 실제로 아키비스트는 활용을 위해 계속 유지되어야 함을 충분하게 인정받은 기록만을 남겨 기록을 선별하여 보존할 필요성을 인정한다. 아키비스트는 어떻게 보더라도 더 이상 계속적인 중요성이 없는 기록이라면 이를 파기하는데 적극적이다. 대체로 이는 숲의 의미를 볼 수 있게 하려면 어느 정도의 나무는 선별하여 걷어 주어야 한다는 '숲과 나무'의 예로 비유된다. 이와 더불어 아키비스트는 남겨지기 위해 선택되는 기록이 의도적이든 그렇지 않든 단절과 누락 없이 가능한 한 충분하고 세심하게 보존되어야 한다고 생각한다. 나아가 아키비스트는 가치 없는 기록 속에서 가치 있는 기록을 골라내는 선별작업이 변덕스러운 판단이나 모호한 직관이 아니라 설득력 있고 명료한 기준에 의해 이루어져야 한다는데 의의를 둔다.

• 기록은 이용하기에 적합하며 시의적절한 방식으로 조직되어야 한다.

모든 기록관에는 미처 직원의 손이 미치지 못한 채로 남아 있는 컬렉션의 처리업무가 밀려있다. 실제로 성장이 계속되는 한 처리 안된 기록이 적체되는 것은 그 어떤 기록관에서도 불가피한 일이 될 것이다. 그러한 조건에도 불구하고 아키비스트는 명확하게 기록에 담긴 정보를 파악하고 활용할 수 있도록 집합적인 수준에서나마 가급적 빨리 자신이 관리하는 컬렉션을 조직한다는 입장을 견지한다. 아키비스트는 모든 개별 컬렉션을 자세하게 다루기 전에 개괄적인 방식으로 소장기록물을 조직하여 점진적으로 상세화하는 방식으로 기록에 접근한다. 아울러 아키비스트는 자신이 관리하는 자료에 관한 정보를 공유하는 것이 절대적으로 필요하다고 믿는다. 기록에 담긴 정보는 보호하더라도 기록 자체에 관한 정보만큼은 공유되어야 한다고 판단한다. 아키비스트는 기록 자체에 관한 비밀을 유지하는데 가치를 두지 않으며 기록에 관한 소식을 전파하는 것을 자신의 책임이라고 받아들여 기록을 이용한 다양한 연구를 환영한다.

• 민감하거나 사적인 정보는 그 민감함이 지속되는 동안에 활용을 막아야 한다.

아키비스트에게 기록을 이용할 수 있게 한다는 것이 곧 사생활보호 및 비밀유지 의무에 대한 법적 고려사항을 무시해도 좋다는 것을 의미하는 것은 아니다. 실제로 아키비스트는 자신이 넘겨받은 기록의 활용을 제한함으로써 이러한 보호나 기밀유지에 앞장선다. 아키비스트가 인정하는 것은 한편으로는 기록의 최대한 활용 그리고 다른 한편으로는 비밀이 유지되어야 하는 정보가 필요로 하는 안전장치가 서로 균형을 이루는 것이다. 아키비스트에게 있어 이러한 책임은 진지한 것으로서 이 책임을 이행함에 있어 아키비스트들은 공정하고 일관성을 유지하는 일을 중요하게 생각한다.

● 아키비스트는 자신이 관리하는 컬렉션을 공정하게 치우침이 없이 관리해야 한다.

아키비스트는 기본적으로 기록 이용자 사이의 구분을 최소화하고 가능한 한 모든 이용자를 평등하게 대하려고 노력하는 일에 가치를 둔다. 경우에 따라서는 구분이 필요할 수도 있다. 기관부설 기록관에서는 조직 내부 이용자가 기록관으로 옮겨진 옛 업무기록을 보고자 하는 경우에 조직 외부 이용자에 비해 기록에 대한 보다 넓은 접근권한을 부여하는 것이 당연시될 것이다. 그렇지만 아키비스트는 이러한 차별을 최소화시키고자 한다. 특히 이른바 진지한 이용자를 구별하여 따로 특권을 주거나 학력에 따라 차별대우를 하려 하지 않는다. 비록 항상 엄밀하게 똑같이 접근권한을 부여할 수는 없지만 아키비스트가 항상 생각하는 바는 평형성이 있어야 한다는 것이다.

● 기록관은 역사 기록을 보존함에 있어 서로 협력해야 마땅하다.

아키비스트는 컬렉션을 갖추는 일이 경쟁보다는 협력을 통해 이루어져야 한다고 판단한다. 특히 개인으로부터 수집이나 기증을 통해 자료를 모으는 역사협회, 대학기록관 등 모 기관 이외 다른 원천들로부터 자료를 수집하는 기록관의 경우 아키비스트는 몇몇 기록관에 한정된 컬렉션을 따로 구별하여 각각을 완결된 것으로 만드는 것은 잘못이라고 여긴다. 역시 마찬가지로 아키비스트는 경쟁적으로 구매할 기록을 높은 가격에 응찰하는 것도 부적절하다고 본다. 이는 곧 아키비스트가 수집정책을 세우고 개선하는데 있어 의식적으로 다른 기록관과 경

한 아키비스트가 매우 다양한 종류의 매체로 이루어진 컬렉션을 처리하고 있다. (Balch Institute for Ethnic Studies, Philadelphia)

쟁하지 않아야 한다는 점을 중시함을 의미한다.

　기록관리 지식과 마찬가지로 기록관리에 관한 가치관 역시 입문교육과정, 전문직으로서의 경험 그리고 계속적인 교육과 그에 따른 영향이 결합되어 형성된다. 이러한 가치관은 다른 모든 가치나 윤리체계와 마찬가지로 일반원칙을 특정사례에 적용해야 하는 일상적인 기록관 실무에서 드러난다. 그렇지만 이러한 가치관은 적어도 전문화된 지식으로서의 아키비스트의 특징적인 관점이 나타난 것이다. 아키비스트가 자신의 업무 대상인 기록을 특정 방식으로 바라보는 것처럼 기록생산자나 이용자와 구별되는 특별한 가치들이 그들의 업무에 부여되는 것이다. 생산자는 다른 어떤 부류보다도 잠재적으로 민감한 기록에 대해 의도적인 파괴를 바라거나 아니면, 기록에 대한 접근에 차별을 강화하려고 할 것이다. 이용자는 어떤 기록에 대하여 다른 경쟁자들이 배제되고 자신만 배타적으로 이용하길 바라거나 다른 사람이 입을 손해는 아랑곳 않고 우선 자신의 편의에 적합하게 기록이 조직하고 싶어할지도 모른다. 만약 아키비스트의 특별한 관점에서 비롯되는 것이 아키비스트의 지식이라면 그와 같은 구별되는 관점을 지탱하는 것은 바로 아키비스트의 가치관이다

＊　　　＊　　　＊

　아키비스트가 지닌 지식과 가치관은 그들이 전문직으로서 활동하는데 기초가 되는 것이지만, 그들은 그러한 지식이나 가치관만을 고려하거나 또 그것이 아키비스트 자신을 위한 것이라고 간주하지 않는다. 오히려 아키비스트로서는 끊임없이 자신의 지식과 가치관을 특정한 기록과 상황에 적용할 수밖에 없다. 아키비스트가 어떤 사물을 인지하고 그것에 가치를 부여한다고는 하지만 그들이 실제로 하는 일은 과연 무엇인가? 거창한 지적인 고려들이 확인될 수도 있겠지만 그럼에도 불구하고 그러한 고려의 당사자인 아키비스트가 머무는 곳은 수집하고 조직해야 할 컬렉션과 도움을 필요로 하는 이용자가 있는 그래서, 해야할 일들이 존재하는 현실세계이다. 궁극적으로 아키비스트가 갖게 되는 관점은 그들이 확실하다고 믿는 것을 실행하는데 도움이 되기 때문에 중요하다. 전문직으로서 아키비스트가 짊어진 직무와 의무 그리고 책임에 관한 고려사항은 기록의 모든 것에 관한 이해를 완결짓게 할 것이다.

# 4 아키비스트의 책임과 의무



기록관의 규모, 소장기록의 내용, 직원 및 조직위상 등을 고려하지 않는다면 모든 기록관은 같은 기능을 수행한다. 아키비스트는 자료가 다양하게 존재하는 환경에서 일한다. 주립기록관이나 민간 역사협회 같은 크고 작은 기록관에 고용되는 아키비스트들은 기록관의 특성에 따라 최근 생산된 많은 양의 기록에서부터 보다 오래된 옛날에 만들어진 희귀 자료에 이르기까지 다양한 기록을 관리하게 된다. 그들은 관료조직에서 생산된 기록에서부터 개인 일기류에 이르는 기록을 다룬다. 또한 잉크를 사용하여 종이에 쓰여진 기록이나 적지 않은 분량의 사진, 영화필름, 소리기록 또 한편으로 자동화 시스템 데이터 등 다양한 매체의 기록 각각을 전문적으로 관리한다. 이러한 다양성에도 불구하고 이들 아키비스트 모두는 궁극적으로 동일한 목적을 지닌 전문직으로서 같은 일에 종사한다고 할 수 있다. 기관의 역할이나 소장 기록의 다양함에 관계없이 아키비스트는 사회나 그 구성원에게 가치있는 기록에 대한 책임을 부여받고 있으며 이런 책임을 맡은 사람들에게는 공통의 활동과 의무가 존재한다. 법률가·사서·회계사 등이 실제 소속 조직에 상관없이 모두 통합된 각각의 전문직종을 구성하고 있는 것처럼 여러 기록관에 종사하는 아키비스트 각각은 겉보기에는 서로 다른 것처럼 보이는 아주 다양한 개별 사례에 속하면서도 그들 모두는 공통성이 두드러진 목적을 공유하고 있다.

아키비스트가 어떠한 전문적인 환경에서도 수행해야 할 공통의 책임과 의무는 무엇인가? 그들이 전문직으로서의 삶을 영유하는 것은 어떤 직무를 통해서이며, 전문직으로서 지식과 가치관은 그들의 어떤 활동에 적용되는가? 만약 기록관리활동이 변화가 많고 다양하지 않다면 그것은 아무 의미도 없는 것이 될 것이다. 바로 이런 다양함이

아키비스트는 소규모의 종교기록관에서 사진을 다루든(왼쪽) 대규모의 정부기록관에서 도면을 처리하든(오른쪽) 공통의 직무를 수행한다.(Sisters of Providence Archives, Seattle; John R. Kennedy, Westchester County Archives, New York 제공)

실무자들이 이 직업에 매력을 느끼게 되는 이유이기도 하다. 어느 날 아키비스트는 오전에는 기록을 수집하다가 바로 같은 날 오후에는 다른 컬렉션에 관한 정보를 묻는 이용자의 질문에 대답해야 할 수도 있다. 또 그 다음날에는 훼손이 진행되는 기록을 마이크로필름으로 촬영하는 보존계획을 세워야 할지 모르며, 다음 주에는 학생들을 위한 기록물 전시계획을 입안하지 않으면 안될 수도 있다. 기껏 전문직 한 두 사람을 채용한 미국 내 대부분의 기록관에서는 이같은 일 모두를 한 사람이 수행할 수밖에 없는 경우가 흔하다.

이렇게 다양한 실무 속에서 우선 순위를 정하기 위해서는 아키비스트가 세심하게 자신의 업무를 조직화해 두어야 한다. 기록관리 업무를 조직하는 것은 기록을 조직하는 첫 번째 단계이다. 기록은 기본적인 결정이 수립되어 그것을 시행할 계획이 마련되기 전까지는 기록관으로 이전될 수 없다. 그래서 아키비스트는 어떤 경우라도 기록을 실제로 처리하기 이전에 적어도 기록관리 프로그램과 그것을 지속적으로 유지하기 위한 조직적 기반을 마련해 놓아야 한다. 기록관 프로그램 계획은 모든 것에 선행되어야 할 과제이다.

이러한 프로그램 계획은 정책 및 목표에 관한 근본적인 물음에서 비롯된 다양한 분야에 중점을 둔다. 기록관이 설립되어야 하는 이유는 무엇인가? 기록관을 설립함으로써 이루려는 의도는 무엇인가? 만약 도서관이나 연구기관에서의 기록관리 프로그램이라면 그 목적은 자명해 보일 수도 있지만 그렇더라도 간단하게 목적을 표현하는 것이 좋을 것이다. 만약 정보의 보존이나 연구의 증진 이외 다른 것에 우선적인 목표를 둔 조직에 만들어진 기록관이라면 보다 거시적인 큰 목적에서 기록관이 지향하는 역할을 천명하는 것이 중요하다. 어느 쪽이든 기록이 기록관으로 이관되기 훨씬 전에 이상의 근본적인 질문이 해결되는 것이 필요하다. 명료한 사명서나 목적 천명은 기록관 설립에 필수적이 첫 단계이다. 단지 소속된 기록관의 사명이 무엇인지 아키비스트가 알고 있는 것만으로는 부족하며 그것이 명확하게 표현되어야 한다.

다음은 조직구조에 대한 문제이다. 기록관을 모 기관 어느 위치에 둘 것인가? 조직 내 어떤 직책의 누구에게 보고하도록 할 것인가? 어떤 근거에 의해 기록관을 설치할 것인가? 이에 관한 아키비스트의 고려사항은 상급자의 개인적 관심사나 변덕에 좌우되지 않고 기록관에 관한 확고한 원칙에 따라야 한다. 공공 영역에서의 기록관은 가급적 프로그램 구성요소와 직원 자격조건의 특성 등을 공정하게 고려한 법에 따라 공식적으로 설립되어야 한다. 민간에서는 내부적으로 유효한 공식적인 조직 과정을 거쳐 기록관이 세워져야 한다. 기록에 대한 적절한 권리가 기록관에 귀속되려면 그 설립단계에서 권한에 관한 계통을 분명히 하는 것이 필요하다.

이상의 고려사항을 해결한 다음에는 기록관이 수집범위에 대한 초기 성명을 밝히는 것이 필요하다. 기록관이 수집대상으로 하는 기록은 어떤 사람들의 어떤 활동을 기록한, 어떤 종류의 기록인가? 다른 기록관들과 구별되는 특화된 주제영역은 무엇인가? 모 기관의 기록만 모을 것인가, 그 외 다른 자료도 수집할 것인가? 자유기증방식으로 기록을 수집할 것인가, 일부 또는 대부분을 구입기록으로 채울 것인가? 공공기록관이나 기관이 부설한 기록관의 경우, 기록관으로 하여금 기록의 강제이관권한을 행사하게 할 것인가? 최초 계획에는 이상의 문제의식을 담은 수집 정책이 포함되어 있어야 한다.

아키비스트는 기록관으로 예정된 공간과 거기에 들어갈 시설 및 장비에 관한 계획도 세워야 한다. 기록관을 위한 별도 건물을 새로 세울 것인가 아니면 기존 건물을 개조할 것인가? 기록 이용에 적합한 공간을 위한 고려사항은 무엇인가? 한정된 조건에서 이점을 극대화하려면 기록물 보존 공간과 이용자 및 직원 공간을 어떻게 할애해야 하는가? 어떤 장비와 물품이 필요한가? 현재도 그렇고 앞으로도 아키비스트에게 언제나 충분한 공간이 배정될 가능성은 별로 없으므로 컬렉션의 끊임없는 증가는 공간부족

URBAN ARCHIVES CENTER

THE CONWELLANA-TEMPLANA COLLECTION: THE UNIVERSITY ARCHIVES

대학기록관의 목적 성명문과 수집정책(David Scott, Husky Photos, Conwellana-Templana Collection, Temple University)

문제를 유발할 것이다. 관리할 기록이 들어갈 공간에 관한 계획은 어떤 경우라도 기록이 실제로 수집되기 이전에 이루어져야 한다.

공간 배치나 설비구입 비용 등의 예산문제 역시 기록관 설립 초기에 아키비스트가 숙고해야 할 사항이다. 어디서 필요한 재원을 얻을 것인가? 모기관에서 배정받을 수 있는가 아니면 외부 지원에 의존할 수 밖에 없는가? 내부적으로든 외부적으로든 자금과 재원을 보장받을 수 있는 안정적이며 믿을 수 있는 방법은 무엇인가? 또한 배정받은 재원은 어떻게 분배할 것인가? 인건비·장비구입비·물리적 보존 비용 및 기타 다른 각각의 업무예산 비율을 어떻게 책정할 것인가? 마지막으로 기록관이 처한 재정상태나 기획한 일을 할 수 있는 재정적 여유가 기록관에게 있는지를 항시적으로 파악하려면 어떤 회계절차가 필요한가?

기록관의 인적구성에 관한 고려사항 역시 계획에 포함되어야 한다. 어떤 유형의 인력을 몇 명이나 쓸 것인가? 직원에게 필요한 학력은 어느 정도이며 어떤 업무를 수행할 수 있어야 하는가? 직원에게 정해진 책임사항과 구체적인 직무는 무엇인가? 직원에 대한 직무수행 평가, 성과 보상, 승진에 필요한 절차는 무엇인가? 직원 각각에 대하여 누구로부터 검토받고 또 누구를 감독하도록 하게 할 것인가? 이상의 사항들 역시 기록관 설립 초기에 제기되어야 한다.

얼핏 보면 이상의 그 어느 것도 기록관리와 관련되지 않은 것으로 볼 수도 있다. 그렇지만 기록과 직접 관련이 없는 이상의 질문들은 기록을 관리하는 기록관의 경영과 관계되어 있다. 장담컨대, 시작 단계에서 이상의 문제를 해결하지 않으면 아키비스트가 기록관리에 관해서 발언권을 얻기는 힘들 것이다. 그렇지만 일단 계획 수립이 순조롭게 진행되면 아키비스트는 자신들만의 특정 전문지식으로 직무를 수행하는 단계로 나아가는 것이 가능해진다. 이 직무활동은 기록 획득, 조직, 제공 등 세가지로 포괄할 수 있다.

## 4.1 기록의 획득

### 4.1.1 확인

일단 기록관이 설립된 후 아키비스트의 착수하는 첫 번째 활동은 기록을 모아서 획득하는 일로서 이는 기록의 기본적인 **확인**에 해당한다. 이는 기록의 지적·물리적 통제를 위한 첫 단계 활동으로서 기록 자료에 관한 다음의 몇가지 질문에 대답함으로써 이루어진다. 누가 생산했는가? 어떤 기록인가? 언제 생산되었으며 포괄하는 기간은 얼마인가? 양은 얼마나 되나? 어디에 있는가? 현상태의 특정 형식으로 기록하고 정리한 이유는 무엇인가? 기록관으로 오기 전에 기록은 어떤 과정을 거쳤는가? 아키비스트가 이러한 의문에 답을 얻기 위해서는 퍼즐조각들을 한데 모으며 실제로 기록을 검사해야 한다. 계속적으로 의혹을 해소하고 예기치 못한 것을 발견하는 이 과정은 많은 아키비스트가 직무 수행에서 경험하는 즐거움의 원천 중 하나이다. 이러한 질문들은 흔히 사무실, 다락방, 기타 창고 같은 기록의 '원 소재지'로 간주된 곳에서 기록을 찾아내는 조사 수단을 통해 제기된다. 기록관으로 보내야 할 모든 기록을 확인하는 일은 어떤 경우에도 실제 이송될 기록을 선별하기 이전에 이루어 진다.

### 4.1.2 평가 및 수집

모든 기록이 기록관에서 관리해야 할 만큼 충분한 가치와 활용성을 가진 것은 아니므로 일단 기록을 확인한 후에는 그 기록을 수집할지 여부가 결정되어야 한다. 아키비스트는 이 과정을 **평가(appraisal)**라고 부른다. 평가의 과정에는 하자 없는 일관된 선택을 내리기 위한 일련의 절차들이 수반된다. 평가와 관련된 판단을 내리기 위한 세부적인 기준은 기록학 이론을 통해 발전하여 왔다. 이러한 기준은 평가해야 할 기록의 양은 많은 반면 질은 전반적으로 떨어지는 상황에서 좀더 중요하다. 아키비스트가 체계적으로 적용할 수 있는 가치기준, 분석도구, 기법 등은 평가이론을 통해 제시되어 왔다. 평가는 기록관으로 들어오기 위해 기록이 거쳐야 할 관문을 의미하므로 매우 중요하게 인식되어 왔다. 특히 최근에는 평가가 아키비스트의 심도있는 연구나 사유의 초점이 되고 있다.

일단 평가가 끝나면 아키비스트는 기록을 실제로 기록관 보관 아래에 두기 위한 구체적인 계획을 수립하는데 아키비스트들은 이를 **수집(acquisition)**이라 부른다. 이것 또한 물리적 통제와 지적 통제 형식으로 동시에 진행된다. 지적 차원에서 아키비스트가 해야 할 일은 기록에 관한 지식을 유지하고 그 지식을 통해 충분히 관리함으로써 기록을 보호하는 일이다. 많은 기록관에서 특히, 모체 조직에서 기록을 이관받는 경우는 단지 물리적 객체로서의 기록만이 아니라 가능한 한 내용에 대해서까지 법적 소유권을 이전할 필요가 있다. 물리적 차원에서의 수집과정은 원래 위치한 곳에서 실제로 기록관 시설로 기록을 옮기는데 따른 고려사항이 포함된다. 이관 과정에서는 엄청나게 많은 주의를 기울이지만 실제 이송은 매우 간단하게 진행되곤 한다. 일전에 한 현명한 노 아키비스트는 기록이 파손되는데 있어 "세 번 옮기는 것은 화재가 난 것과 같다"라는 격언으로 기록을 옮기는 것이 파손에 큰 영향을 미친다는 것을 경고한 바 있다. 따라서 모든 아키비스트는 이관 이후에도 기록물 퍼즐들이 이전과 변동 없도록 해야 한다.

### 4.1.3 물리적 보존

아키비스트는 기록의 획득과정에서 물리적 **보존(preservation)**문제에 관심을 가져야 한다. 아키비스트는 교육과 경험을 통해서 기록물의 상태를 나빠지게 하는 요인을 포함하여 기록의 물리적 특성에 관해 알게 된다. 따라서 아키비스트는 물리적인 손상을 막기 위해 기록물을 보호하고 또한 초기부터 기록의 손상을 예방하고 지연시키거나, 멈추게 하고 되돌리기 위한 계획을 수립한다. 대부분 이를 위해서는 기록이 소장된 기록관의 환경을 안정적으로 유지하기 위한 체계적인 노력이 필요하다. 이미 손상이 상당히 진행되었다면 그 속도를 늦추거나 되돌리기 위해서는 보존전문가의 도움이 필요할 것이다. 또한 원본의 상태가 극히 나쁜 기록에 담긴 정보를 남기기 위해 마이크로필름이나 기계가독형식으로 매체 이전하는 것도 아키비스트가 고려해야 할 물리적 보존에 포함된다.

가치 있는 기록을 남기고 물리적으로 온전하게 보호하는 일은 아키비스트가 처음으로 기록을 모으고 수집할 때부터 시작된다. 기록의 물리적 특성과 그로 인한 문제점을 바로 잡고 최소화할 방법에 관한 아키비스트의 지식영역은 20세기 들어 극적으로 확대되었다. 아키비스트가 도움을 받을 수 있는 유용한 기술은 **빠르게** 성장해 왔다. 기록이 남아 있지 않으면 아키비스트가 수집할 기록 역시 없을 것이다. 만약 기록이 물리적 손상으로 훗날 사라질 것이라고 예고하는데 그쳐버렸다면 아키비스트가 벌인 책무

완수를 위한 노력은 수포로 돌아간 것과 다름없다.

## 4.2 기록의 조직

### 4.2.1 정리

일단 가치 있는 기록을 획득하면 그 다음 아키비스트의 관심은 체계적이며 유용한 방식으로 기록을 조직하는 일로 옮아간다. 기록의 조직은 기록관리 활동의 핵심이며 아키비스트의 전문 지식과 기술의 중심에 위치한다. 그 첫 번째인 기록물의 **정리 (arrangement)**는 기록물에 대하여 지적·물리적 통제 상태를 확보하는 과정을 의미한다. 아키비스트는 출처주의나 원질서 존중의 원칙을 적용하여 기록을 지적으로 가장 적절하게 정리하고 한편으로 기록 실물도 그러한 정리 질서에 따라 놓여지도록 한다.

실제 정리 과정은 이론 차원과 실제 차원이 동시에 진행된다. 우선, 아키비스트는 기록물의 컬렉션을 구성하는 각 부분과 그것이 구성된 상태를 판별한다. 예컨대 주 정부의 단위기관들로부터 이관된 기록을 소장하고 있는 주립기록관의 기관별 레코드그룹은 기관의 하위부서, 간부, 위원회 그리고 기타 직원의 기록들로 구성될 것이다. 이러한 기록을 정리하려면 모든 기록을 기관으로 구분하여 조직 범위에서 동일한 사무실 또는 기능별 생산기록물별로 모아둘 필요가 있다. 지적인 정리작업은 다름 아닌 기록을 어떤 단위로 모을지를 결정하는 일이다. 개인기록 컬렉션 관리에서도 세부적으로는 차이가 있지만 대체로는 같다. 기록을 만든 사람이 어떤 상이한 활동들을 했으며 그러한 활동은 기록에 어떻게 반영되었는가? 개인 서신은 우선 광범위한 활동이 나타나는 저술과 연설문으로, 다른 한편에는 재정관계서류로 그리고 또 다른 부분은 사진들로 이루어져 있을 것이다. 여기서도 지적 차원의 정리는 역시 기록을 어떻게 모아야 할지의 문제이다. 이들 기록을 지적으로 정리하는 일은 아키비스트 개인의 성향에 따르는

종이류 복원전문가가 먹으로 된 18세기 그림을 수세하는 장면. (Shannon Zachary, Cornell University Library 제공)

것이 아니라 비록 분명하지는 않더라도 컬렉션에 자연적으로 내재해 있는 질서를 발견하거나 재구성함으로써 이루어진다.

지적 정리 뒤에 바로 물리적 정리가 뒤따른다. 이는 아키비스트가 실제로 컬렉션을 구성하는 각 부분을 지적인 정리 질서 하에 두는 과정이다. 이 단계를 기록관리 활동에서는 흔히 **처리(processing)**라고 부른다. 지적인 정리와 물리적인 정리는 동시에 진행되며 접힌 문서 펴기, 녹슨 철침 및 클립 제거, 파손되기 쉽거나 중요한 기록물의 별도 처리 등 기록을 물리적으로 보존하기 위한 다른 활동이 이 과정에서 이루어진다. 대개 이러한 작업들을 거쳐 기록물은 질서정연한 상태가 된다. 정리된 기록물은 폴더나 상자에 집어넣고 내용을 확인할 수 있는 라벨을 부착한다. 앞으로 이 같은 처리방식이 개선될 가능성이 없는 것은 아니지만 많은 사례에 비추어 볼 때 그럴 법하지는 않다. 따라서 정리단계에서 한 번 처리된 것은 다시 손보게 될 가능성은 별로 없을 것이다.

### 4.2.2 기술

일단 기록의 정리가 끝나면 아키비스트의 다음 작업은 정리방식을 기술하는 단계이다. **기술(description)**은 아키비스트의 머리속에만 존재하는 것이 아니라 일정한 매체형식으로 고정되어 기록된 컬렉션 조직에 관한 정보로서 잠재적 이용자를 위한 길잡이 역할을 한다. 아키비스트는 이를 위해 다양한 종류의 기술 매체를 만들어 낸다. 그렇다고 겁먹을 필요는 없다. 사서는 카드목록이나 컴퓨터를 이용하는 온라인 목록 형식으로 이에 상응하는 '기술매체(descriptive media)'를 만든다. 대체로 정리는 도서관 용어로는 분류표 구조에 상응하는 것이며 기술은 바로 사서와 도서관 이용자가 같이 사용하는 이용자용 목록(public catalog)에 해당한다. 도서와 기록의 다른 점을 고려하더라도 기록관에서의 기술이란 이용자들로 하여금 어떤 기록을 이용할 수 있는지 그리고 그 기록이 어떻게 정리되었는지에 관하여 알려 준다는 같은 목적에서 개발된 것이라고 할 수 있다.

기록에 관한 지식을 전달하기 위해 아키비스트가 사용하는 기술매체의 구체적인 형식은 매우 다양할 것이다. 상이한 기술 계층이 중첩될 수도 있다. 기술매체 형식에는 카드목록, 세부항목이 많은 서술식 인벤토리, 색인이나 개별 문서 및 문서군에 대한 리스트 등이 포함된다. 이들을 총칭하여 아키비스트가 부르는 이름이 **검색도구(finding aids)**인데 명칭 자체가 그 기능을 설명해 준다. 즉 기술된 결과가 바로 검색도구이며 검색도구는 아키비스트와 기록의 잠재적 이용자가 기록으로부터 정보를 찾는 것을 돕는다. 각 기록관이 만드는 검색도구는 전부 또는 일부가 기록관 내부의 이용을 위해 만들어지는데 동일한 컬렉션에 대하여 상세한 정도가 다른 한 개 이상의 검색도구가 만들어지는 경우가 많다. 예를 들면 하나의 단일 컬렉션에 대하여 좀더 세부적인 인벤토리나 박스 및 폴더 목록과 함께 개괄적인 요약형 카드목록이 동시에 만들어질 수 있는 것이다. 또한 기록관은 기록관별 가이드나 전국적인 전산화 목록 출간 작업을 통해서 자신이 자관 소장기록을 외부에서도 이용할 수 있게 하는 기술매체도 만들어 낸다. 이 같은 모든 계층에서의 처리가 진행됨으로써 기록에 관해 아키비스트가 알게된 것을 성문화하여 다른 사람들에게 전달하는 것이 바로 기록물 기술인 것이다.

## 4.3 기록의 제공

### 4.3.1 정보서비스

아키비스트는 기록의 진가를 보다 높게 인식하게 되면서 이를 보호하는 이유를 자신의 이익보다는 다른 사람이 이용할 수 있도록 한다는데 둔다. 기록 이용과 관련된 분명한 사례들은 아키비스트 이 외의 이용자들이 기록에 담긴 정보를 찾는 **정보서비스(reference)**과정에 나타난다. 기록을 찾으려면 직접방문, 전화 또는 우편 등을 통한  기록관과의 접촉이 가능하다. 아키비스트는 유사한 환경에 있는 사서와 마찬가지로 이용자가 정보의 소재를 찾을 수 있도록 돕는 위치에 있다. 기록정보 서비스 과정의 상호작용은 기록관리에 관한 다른 모든 활동이 마무리되는 시점에서 발생한다.

그 과정은 간단해 보이지만 실제로는 복합적인 양상을 보인다. 아키비스트에게 물은 질문의 명확한 내용은 무엇이며, 그것이 정말로 이용자가 알고자 원하는 바인가? 아키비스트는 이용자들이 좋은 뜻에서 '협조적'으로 보이려고 노력하거나 무지한 것처럼 보이지 않으려고 진짜 알고 싶어하는 것과 다른 것을 묻는 사례를 많이 알고 있다. 마찬가지로 이용자들 역시 어떤 질문을 했을 때 성의를 다하면서도 질문에 엉뚱한 대답을 하는 아키비스트를 흔치 않게 겪는다. 그러므로 정보서비스 제공과정은 아키비스트와 이용자 간에 서로 이해하고 있는 것을 확실하게 하는 의사소통으로부터 시작된다.

아키비스트는 의사소통에 성공한 다음 이용자가 원하는 정보가 있을 법한 위치에 관하여 실마리를 제공할 수 있는 모든 컬렉션 기술매체를 이용자가 이용할 수 있도록 해준다. 아키비스트와 이용자 모두 검색도구를 통해 원하는 주제와 기록에 담겨 있는

이용자에게 제공하기 위해 서고로부터 기록을 빼내는 아키비스트
(Photograph by John R. Kennedy, Westchester County Archives, New York)

정보 사이의 접점을 찾아 탐색 결과를 좁혀나갈 수 있다. 연구대상인 특정 개인의 편지가 포함된 컬렉션을 소장한 민간기록관에서는 정보서비스 과정에서 면담을 통해 제공되는 검색도구가 해답을 줄 수 있다. 공공기록관의 이용자는 어떤 시기 특정 문제에 답을 찾기 위한 것보다는 한 기관의 기록 전체에 대한 가이드를 제공받게 될 것이다.

결국 아키비스트는 필요로 하는 특정 컬렉션 전체 또는 그 일부를 검색함으로써 이용자들이 실제로 기록을 유용하게 이용하도록 한다. 아키비스트는 기록을 가능한 한 개방적으로 손쉽게 이용시키려 하지만 거기에는 감안해야 할 분명한 제약도 존재한다. 이런 강제사항은 대체로 기록의 온전한 보호 및 보관과 관련되어 있다. 대부분의 도서관과 달리 모든 기록관은 폐가식이다. 아키비스트는 이용자가 기록 보관장소에 가서 찾는 기록을 직접 가져오게 하는 것이 아니라 해당 기록으로 연구를 진행할 수 있는 별개의 곳으로 안내한다. 기록은 단지 아주 드문 경우에만 기록관 밖으로 반출된다. 이용자는 기록을 물리적으로 함부로 다루거나 손상·절도 등의 극단적인 행위에 대비하여 아키비스트가 입회하는 통제된 조건에서 기록을 이용한다. 아키비스트가 세우는 기록관 설립을 위한 초기의 광범위한 계획에는 기록 이용자 관리 정책이나 절차에 관한 초안 마련이 포함된다.

## 4.3.2 접근

아키비스트는 많은 기록물, 특히 생산된지 얼마 안된 기록의 경우 사생활 침해나 비밀 여부 그리고 민감한 사안이 들어있는지 여부를 고려해야 한다. 아키비스트의 이해가 일반적으로는 기록을 최대한 활용가능하게 하는 것에 있지만 기록에 따라서는 일정 기간 동안 활용이 제한되어야 할 필요도 있다. 이같은 기록의 문제를 아키비스트는 흔히 **접근(Access)**의 문제로 인식하는데 이는 곧 누가 어떤 기록을 볼 수 있는지, 이용을 보류시킬 필요가 있는지 등의 문제이다. 아키비스트에게는 접근과 관련하여 일관되게 사생활이나 기밀유지에 관한 적법한 권한을 보호하면서도 기록 이용을 증진시키는 적절하고 균형있는 판단을 내릴 책임이 있다. 아키비스트가 이를 성공적으로 이루기 위해서는 각 기록물 컬렉션의 특정 요건에 중점을 두어야 한다. 기록관은 일부 기록에 대해 5년이나 10년 또는 기증자 사후 등의 내용으로 미리 정해진 기간 동안 해당 기록이 공개되지 않는다는 사실을 명시한다. 대부분의 기록관은 내용을 불문하고 그리고 기간에 관계없이 컬렉션 전체에 대하여 모두 공개하거나 또는 비공개하는 전방위적인 접근의 절차는 피한다. 이같은 방침을 좇게 되면 기록에 대한 '과잉보호'가 야기될 수 있고 또 한편으로는 오랜 동안 비공개가 지켜져야 할 기록의 보호에 주의가 덜 기울질 수도 있다. 접근 제한은 아키비스트가 단독으로 또 때로는 기증자나 생산자의 조언을 통해 조심스럽게 내려져야 한다. 대부분의 이용자들은 이러한 제한의 필요성을 인정한다. 그리고 아키비스트도 접근을 제한하는데 있어 상충되는 이해관계를 균형있게 조화시킴으로써 숨길 필요가 없는 그 무언가를 숨기는 듯한 인상을 주려 하지 않는다.

### 4.3.3 윤리

아키비스트는 기록정보서비스를 제공하는 단계에서 특히 전문직으로서의 **윤리(ethnics)**에 관해 신경써야 한다. 사실 윤리적 행위는 잠재적인 기증자를 정직하게 대하고 적시에 정리·기술하는데 전념하는 기록관리 업무 전반에 충만해야 마땅하다. 그렇지만 전문직으로서의 윤리는 기록을 이용하는 단계에서 특히 중요하다. 아키비스트는 모든 이용을 공평하게 처리해야지 특정인을 다른 사람과 달리 우대해서는 안 된다. 어떤 연구자에게 접근하도록 한 자료를 다른 유사 연구자들에게는 막는 일이 있어서는 안 된다. 아키비스트 역시 자신이 관리하는 컬렉션을 이용한 연구에 관심을 갖게 마련이다. 그 경우 아키비스트는 주요 이용자와 경쟁하지 않도록 주의하여 그들에게 기록을 공평하게 제공하려 하지 않으려는 유혹에 빠지지 않도록 한다. 결국 아키비스트는 이용자가 기록물로부터 얻은 정보에서 도출할 결론에 대하여 그 어떤 영향력도 행사하려 하지 않는다.

### 4.3.4 정보공유

아키비스트가 그저 가만히 앉아서 찾아오는 이용자만을 기다린다면 기록을 이용가

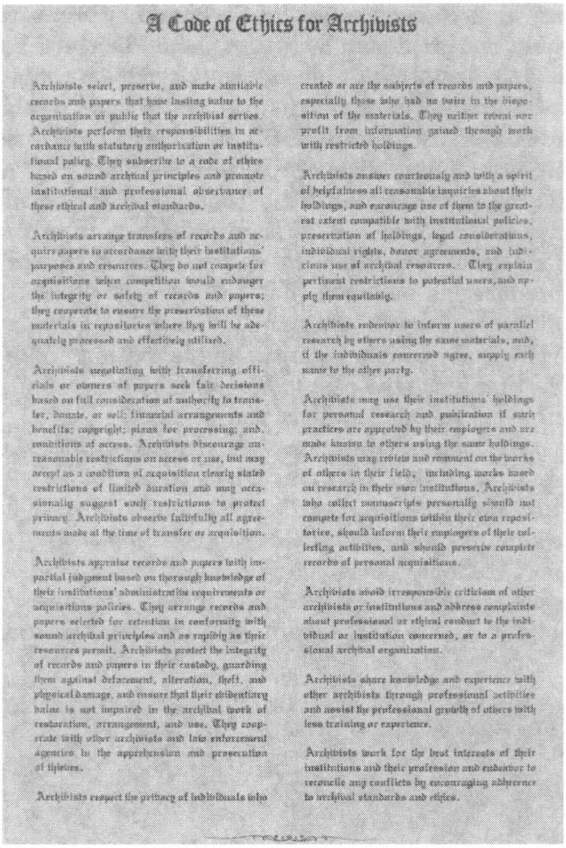

A Code of Ethics for Archivists

Archivists select, preserve, and make available records and papers that have lasting value to the organization or public that the archivist serves. Archivists perform their responsibilities in accordance with statutory authorization or institutional policy. They subscribe to a code of ethics based on sound archival principles and promote institutional and professional observance of these ethical and archival standards.

Archivists arrange transfers of records and acquire papers in accordance with their institutions' purposes and resources. They do not compete for acquisitions when competition would endanger the integrity or safety of records and papers; they cooperate to ensure the preservation of these materials in repositories where they will be adequately processed and effectively utilized.

Archivists negotiating with transferring officials or owners of papers seek fair decisions based on full consideration of authority to transfer, donate, or sell; financial arrangements and benefits; copyright; plans for processing; and conditions of access. Archivists discourage unreasonable restrictions on access or use, but may accept as a condition of acquisition clearly stated restrictions of limited duration and may occasionally suggest such restrictions to protect privacy. Archivists observe faithfully all agreements made at the time of transfer or acquisition.

Archivists appraise records and papers with impartial judgment based on thorough knowledge of their institutions' administrative requirements or acquisitions policies. They arrange records and papers selected for retention in conformity with sound archival principles and as rapidly as their resources permit. Archivists protect the integrity of records and papers in their custody, guarding them against defacement, alteration, theft, and physical damage, and ensure that their evidentiary value is not impaired in the archival work of restoration, arrangement, and use. They cooperate with other archivists and law enforcement agencies in the apprehension and prosecution of thieves.

Archivists respect the privacy of individuals who created or are the subjects of records and papers, especially those who had no voice in the disposition of the materials. They neither reveal nor profit from information gained through work with restricted holdings.

Archivists answer courteously and with a spirit of helpfulness all reasonable inquiries about their holdings, and encourage use of them to the greatest extent compatible with institutional policies, preservation of holdings, legal considerations, individual rights, donor agreements, and judicious use of archival resources. They explain pertinent restrictions to potential users, and apply them equitably.

Archivists endeavor to inform users of parallel research by others using the same materials, and, if the individuals concerned agree, supply each name to the other party.

Archivists may use their institutions' holdings for personal research and publication if such practices are approved by their employers and are made known to others using the same holdings. Archivists may review and comment on the works of others in their field, including works based on research in their own institutions. Archivists who collect manuscripts personally should not compete for acquisitions within their own repositories, should inform their employers of their collecting activities, and should preserve complete records of personal acquisitions.

Archivists avoid irresponsible criticism of other archivists or institutions and address complaints about professional or ethical conduct to the individual or institution concerned, or to a professional archival organization.

Archivists share knowledge and experience with other archivists through professional activities and assist the professional growth of others with less training or experience.

Archivists work for the best interests of their institutions and their profession and endeavor to reconcile any conflicts by encouraging adherence to archival standards and ethics.

아키비스트 윤리강령(David Scott, Husky Photos, the Society of American Archivists 제공)

능하게 해야 할 그들의 책임은 단지 절반만 완수된 것이다. 아키비스트는 자신이 관리하는 소장기록물을 **널리 알려야** 한다. 이를 이행하기 위해서는 각 기록관이 소장한 기록이 무엇인지 또 그 기록을 누가 어떻게 이용할지에 관한 지식을 공유할 필요가 있다. 아키비스트는 자신이 관리하는 컬렉션에 대한 정보를 배포함으로써 또는 전체 소장물이나 중요한 특정 부분에 관한 가이드를 출간함으로써 이를 수행한다. 학술잡지에 공개대상인 컬렉션이나 수집된 기록물을 소개하는 것 역시 유익하다. 이와 같은 목적을 위해 기록관은 자관소장 기록물 정보를 주제 기반이나 또는 지역 및 전국차원의 기록물 가이드를 작성하는 작업에 제공한다. 이 중 가장 중요하고 잘 알려진 것이 1985년부터 출간되기 시작한 <*NUCMC* (*National Union Catalog of Manuscript Collections*)>과 1985년부터 출간되기 시작하여 많은 중요 기록관의 특정 컬렉션 검색도구를 축소형식으로 제공하는 NHPRC의 <미국기록관일람(*Directory of Archives and Manuscript Repositories in the United States*)>이다. 기록관리 업무의 많은 다른 측면과 같이 이러한 정보 공유는 RLIN (Research Library Information Network)과 OCLC (Online Computer Library Center) 등의 자동화 수단에 의해 더욱 진전되었다. 마지막으로 아키비스트는 현재의 이용자나 잠재적 이용자들이 개인적으로 역사협회, 족보협회, 각급 학교 등과의 접촉을 통해 자신이 관리하는 소장물에 관해 알게되도록 돕는다.

### 4.3.5 전시 및 확장서비스

근래들어 아키비스트는 **전시** 또는 **확장서비스(outreach) 프로그램**의 중요성에 대해 특히 깊은 관심을 기울이고 있다. 아키비스트는 보물같은 기록 유산들이 숨겨져서는 안 되고 가능한 한 폭넓게 공유되야 한다는 입장을 가지고 있다. 기록관은 소장기록의 활용을 보다 광범위하게 증진하고자 매우 다양하고 세심한 대중 프로그램 계획을 세워왔다. 컬렉션 중 흥미롭고 중요하며 가치있는 기록물의 전시, 개인사·지역사·국가사 그리고 조직 연혁 측면에서 기념해야 할 중요 사건기록의 전시, 공동체 차원의 경험을 기억하고 유효화하게 해주는 기록물 재생산, 과거를 되살리는 신문컬럼들이나 텔리비젼 방송물 등과 같은 모든 것이 기록관이 할 수 있는 중요한 이용자 서비스이다.

이와 함께 아키비스트는 전통적인 기록관 이용자를 위한 더 의욕적인 프로그램을 계획해 왔다. 기록관은 단지 행정가나, 학자들 그리고 '진지해' 보이는 학생들만을 위한 것은 아니다. 이런 사람들 외에도 기록을 연구하거나 기록을 통해 이득을 얻을 수 있는 사람들은 많다. 어린 학생들은 다양한 기록으로 학과공부를 통해서는 결여될 수 있는 과거의 진실에 관한 식견을 쌓으면서 생생한 역사를 볼 수 있다. 좀더 나이든 사람들은 문서, 사진, 소리기록 원본이 소장된 기록관에서 과거 기록으로부터 도움을 받

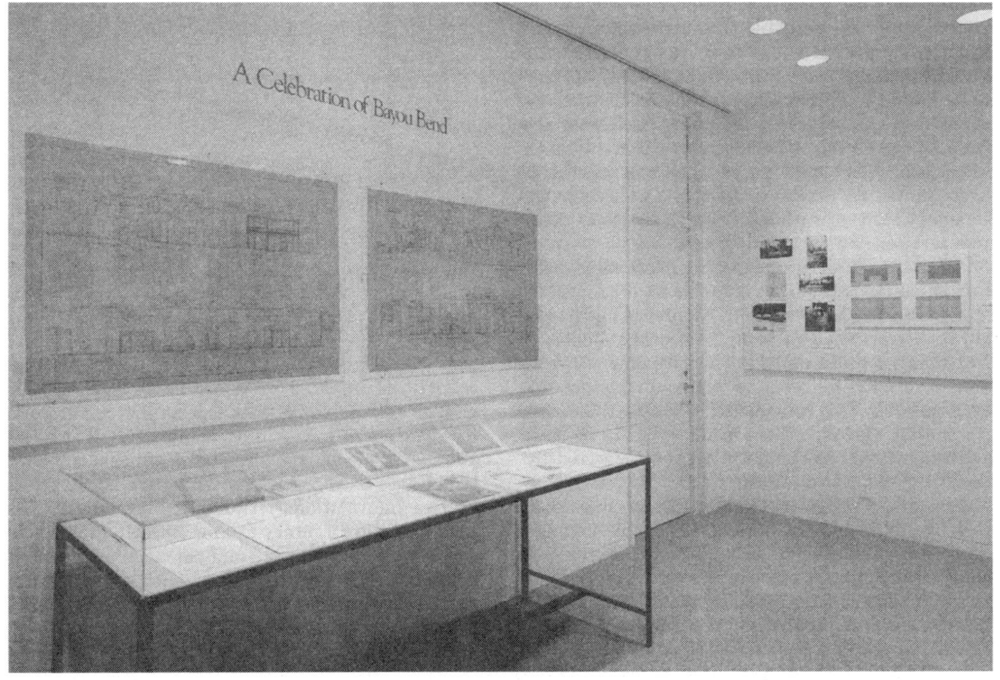


전시는 기록을 더욱 다양하고 풍부하게 한다. (Allen Mewbourn, The Museum of Fine Arts, Houston)

아 자신들의 소중한 삶이 가치가 있었다는 느낌을 확인할 수 있다. 아키비스트는 실제로 이용자들이 기록관에 소장된 컬렉션으로부터 유익한 기록정보를 얻음으로써 해당 프로그램에 대한 지원을 확대하는 것은 물론 자신이 관리하는 컬렉션을 가급적 널리 활용시켜야 할 책임 또한 완수하게 된다.

*      *      *

아키비스트의 임무는 이상의 전 범위에 걸쳐있는 책임을 완수하는 것이다. 아키비스트는 한꺼번에 여러 개의 공을 공중에서 돌리는 곡예를 하듯이 여러 가지 활동을 동시에 진행시킨다. 이렇게 복수의 임무를 수행하는 만큼 기록관리 업무는 다면적이며 커다란 노력이 필요하다. 기록관리 업무는 많은 기술을 필요로 한다. 그 중 일부는 예비 기록학 교육과정을 통해서 얻게 되지만 어떤 것은 교실이나 연구과정이 아닌 일정 수준의 경험을 쌓은 아키비스트의 경우에나 충분히 발휘할 수 있는 것도 있다. 모든 전문직 종사자들은 계속적인 연구 그리고 그날 그날의 활동과 그 활동의 더 큰 맥락이나 의미에 대한 반성에 골몰한다. 전문적인 아키비스트가 된다는 것은 곧 직무에 있어 이론과 실천 양면에서 배움과 정진을 결코 중단하지 않는다는 것을 의미한다. 실로 끝이 없는 것이 그 일이다.

기록관리 업무는 끝이 없지만 그 일에는 진정한 보상이 따른다. 대부분의 아키비스트는 자신들의 일에서 헤아릴 수 없는 커다란 만족을 찾는다. 아키비스트는 진실로 모든 사람을 향해 서 있으며 친근하면서도 협조하는 정신으로 그 모든 사람을 대한다. 기록 생산자, 기증자, 이용자 모두가 해야 할 이야기와 만나야 할 필요가 있으므로 아키비스트는 그 모두의 공동 목표들을 지향하며 일하기를 추구한다. 아키비스트의 관심은 기록 속에 담긴 이야기를 발견하고 나아가 그렇게 발견한 것을 지식으로, 식견이나 이해로, 또는 여흥이나 그저 단순한 즐거움으로 다른 사람들과 공유하는데 있다. 운동경기장의 군중들이 운동장의 실제 행위보다 대형 스크린에 재연된 장면을 볼 수 있듯이 대중 문화 기술의 발달로 인해 인간 경험의 현실성에 대한 생각이 희박해져 가는 이 시대에 아키비스트는 여전한 생생한 삶의 진짜 자료에 둘러쌓여 있다. 그들이 관리하는 기록은 진짜이면서 시간과 공간 그리고 경험의 벽을 넘어 사람사이에 정보를 전달하는 운반체이다. 기록관리 업무가 제공하는 것은 이와 같은 보다 커다란 전망이다. 아키비스트는 자신을 일을 통해 인간의 경험을 담은 기록을 보존하고 전달하는데 열의를 가지고 임한다.

# 참고문헌 해설

조금이라도 생각 있는 사람이라면, 기록에 관한 방대한 전문적인 문헌을 불과 몇 쪽 분량으로 요약하는 우매한 모험은 결코 시도하지 않을 것이다. 학구적인 전문직으로서 현업에 종사하는 아키비스트는 그들이 하는 일과 그렇게 하는 이유에 관해 저술하기를 주저하지 않았으며, 다양한 전문학술서나 학술지 게재 논문 등을 통해 광범위한 쟁점이 다루어져 왔다. 대체로 이러한 연구 결과는 쉽게 이용할 수 있는데 이 성과들은 특정 관심 영역에서 보다 더 깊은 탐구를 유도한다. 이론과 실무에 관한 좀더 전문적인 부분을 다룬 문헌은 본서가 포함된 <기록학 기초시리즈(Archival Fundamentals Series)>의 다른 권에서 다루고, 이 책에서는 어느 정도 개설적인 문헌을 다루는 것이 적절할 듯하다. 다음 제언들은 오로지 기록학 문헌 전반에 처음 들어가기 위한 길잡이로서 제시된 것이다.

## 서지 및 용어사전

현명한 서지 작성자라면 광범위한 서지류를 찾는데서 작업을 시작할 것이다. Frank B. Evans의 *Modern Archives and Manuscripts: A Select Bibliography*(Chicago: Society of American Archivists, 1975, xiv + 209 pp.)는 가장 최근에 나온 기록학 문헌 서지에 대한 적절한 정리로서, 기록전문직이 참고문헌을 조사하는데 있어 출발점이 되어야 할 성과이다. 비록 1973년까지로 한정되어 있어 시대가 뒤진 면이 있지만, 그 포괄범위가 넓어 여전히 중요하게 간주된다. 에반스의 작업 외에도 1970년대와 1980년대 부정기적으로 *American Archivist*에 문헌을 정리한 글들도 있다. 전문직에게는 최신 연구경향과 문헌들을 체계적으로 파악할 수 있는 수단이 절실하다. 그런 면에서 Richard J. Cox의 *Archives and Manuscripts Administration: A Basic Annotated Bibliography*(Nashville: American Association for State and Local History, 1989, 36 pp.)나 AASLH Technical Report 14 역시 매우 유용하다. 에반스의 저작에 비해 간략하지만 인용된 책이나 논문에 대한 주석이 달려 있어 학생들에게 특히 도움이 된다.

아키비스트는 다른 전문직 종사자들처럼 어느 정도는 자신들만 통하는 용어를 쓰게 마련인데 이런 전문적인 언어에 관한 가이드는 초보자나 경력자 모두에게 필요하다. 이런 목적으로 가장 최근에 완성된 것은 본서와 같은 기록학 기초시리즈의 일부인 Lewis Bellardo 및 Lynn Lady Bellardo의 *A Glossary for Archivists, Manuscript Curators, and Records Managers*(Chicago: Society of American Archivists 근간)이다. 이와 함께 Frank B. Evans 등의 "A Basic Glossary for Archivists, Manuscript Curators, and Records Managers," *American Archivist* 37(1974): 415-433와 Peter Walne이 편집한 *Dictionary of Archival Terminology with Equivalents in Dutch, German, Italian, Russian and Spanish*(New York: G. K. Hall, 1984, 226 pp.)와 ICA Handbook Series 3 등이 있다.

## 고전적 저작

모든 전문직에게는 자신의 영역에서 고전으로 인정된 것들이 있는데, 이 고전적 저작은 전문적인 활동영역을 개선하는데 도움이 되는 한편 오랜 동안 실무적·이론적 기준이 되어왔다. 시간이 흐르면서 이용 빈도는 줄었지만 여전히 고전적 저작은 전문직으로서의 정체성을 확인하기 위한 기준점으로 남아 있다. 고전은 학생이나 실무자가 특정 문제를 해결하는데 직접적인 해답을 주는 결정적인 글은 못 되더라도 발표된 연도에 상관 없이 여전히 토론과 논쟁거리의 소재를 제공하고 있다. 고전들은 전문직 역사의 증거로서 그 자체가 연구 대상이 되기도 한다.

아키비스트에게 있어 최초의 고전에 해당하는 저작은 Hilary Jenkinson의 1922년 원 저작의 개정판인 *A Manual for Archive Administration*, 2nd ed.(London: Percy Lund, Humphries, & Co., 1966, xxii + 261 pp.)이다. 젠킨슨은 기록의 행정적 중요성을 역설하였으며, 출처주의나 기록의 단절 없는 보관상태 유지(unbroken chain of documentary custody)등 오늘날에도 여전히 중요한 전문적 실무기준을 수립하였다. 젠킨슨에 바로 이어 T. R. Schellenberg는 중요한 두 개의 노작 *Modern Archives: Principles and Techniques*(Chicago: University of Chicago Press, 1956, xvi + 248 pp.)과 *The Management of Archives*(New York: Columbia University Press, 1965, xvi + 383 pp.)를 내놓았다. 쉘렌버그의 책은 유럽의 기록관리 원칙들을 미국의 기록에 적용하려는 첫 시도였다. 또한 기록학 이론이 소량의 희귀한 컬렉션만이 아니라 방대한 현대 기록물에 대한문제도 해명할 수 있는지를 처음으로 고려한 것이기도 하다. 젠킨슨과 쉘렌버그의 노

작들은 수세대동안 아키비스트들이 구할 수 있는 유일한 텍스트이자 믿을만한 지침서이기도 했다.

언급해야 할 고전은 이 외에도 두 가지가 더 있다. 하나는 네덜란드 출신 세 명의 아키비스트가 저술한 것으로서 기록관리계에서 "Dutch Bible"로 불리는 Samuel Muller · J. A. Feith · R. Fruin 공저의 *Manual for the Arrangement and Description of Archives*, (Arthur H. Leavitt 번역(New York: H. W. Wilson, 1968, 225 pp.)이다. 이 책은 원래 출간년도가 1898년이지만 미국에서는 약 60여 년 뒤에나 널리 이용되었다. 이 책에는 자세하고 체계적인 방식으로 기록을 조직하는데 있어 핵심 기능이 서술되어 있다. 다른 하나는 Ernst Posner의 *American State Archives*(Chicago: University of Chicago Press, 1964, xiv + 397 pp.)로서 이것 역시 하나의 이정표가 될 만한 고전이다. 대상이 특정 기록관 제도로 한정되어 있으나 중요성에 있어서는 이런 제한을 넘어서는 연구성과이다. 포스너는 1960년 전후 미국의 공공기록관리 프로그램을 서술하면서 한편으로 미국의 기록관리 역사에 관해 완벽하게 요약하였다. 뿐만 아니라 그는 이 책을 통하여 기록관리 표준의 역할, 그리고 공무원 및 시민이 이런 표준으로부터 영향을 받게 된다는 점을 인식할 책임에 대하여 설명하고자 했다.

## 최근 문헌 개관

최근 20여 년 동안 고전적인 저작을 보충하는 새로운 작업이 진행되었다. 이러한 새로운 저작들은 이전의 유사 저작들과 같은 범위를 유지하면서도 필요한 부분을 갱신하여 현대의 독자들에게 기록관리 업무의 본질과 내용에 접근할 수 있도록 하였다. 다음에 열거할 SAA출간 <기록학기초시리즈>는 새로이 갱신된 것으로서 성과의 하나로서 독자들이 주목해야 할 중요한 최근의 성과이다. *Managing Archival and Manuscript Repositories*(Thomas Wilsted & William Nolte 공저); *Selecting and Appraising Archives and Manuscripts*(F. Gerald Ham 저); *Arranging and Describing Archives and Manuscripts*(Fredric Miller 저); *Providing Reference Services for Archives and Manuscripts*(Mary Jo Pugh 저); *Preserving Archives and Manuscripts*(Mary Lynn Ritzenthaler 저)

Kenneth W. Ducket의 *Modern Manuscripts: A Practical Manual for Their Management, Care, and Use*(Nashville: American Association for State and Local History, 1975, xvi + 365 pp.)는 기본적인 지침서로서 특히 지역 역사협회의 매뉴스크립트 원본을 관리하는 큐레이터에게 필요한 저작이다. Thornton W. Mitchell 편의 *Norton on Archives: The Writings of Margaret Cross Norton on Archival and Records Management*(Carbondale: Southern Illinois University Press, 1975, xxii ＋ 288 pp.)는 중요하고도 영향력 있는 Margaret C. Norton의 광범위한 많은 글을 이용하기 쉽게 편집한 것이다. 노튼은 공공 행정관서의 기록에 대한 실용적 가치를 강조하면서 기록을 단지 역사학의 보조 학문으로 보는 관점을 정정할 것을 제기하였다.

기록관리 교과서를 한권으로 만들고자 하는 시도는 수년간 이루어지지 못했다. 이러한 필요에 부응하기 위하여 총서 간행이 기획되었고 1977년에 기본 매뉴얼의 첫 번째 총서가 발간되었다. 경험 많은 전문가들에 의해 집필된 기본 매뉴얼 세트는 다음으로 이루어져 있다. *Archives and Manuscripts: Surveys*(John A. Fleckner 저); *Archives and Manuscripts: Appraisal and Accessioning*(Maynard J. Brichford 저); *Archives and Manuscripts: Arrangement and Description*(David B. Gracy II 저); *Archives and Manuscripts: Reference and Access*(Sue E. Holbert 저); *Archives and Manuscripts: Security*(Timothy Walch 저). 이 기본 매뉴얼들은 보존, 법, 전시, 도면기록, 사진 등 특별한 주제에 집중한 시리즈로 이어졌다. 모든 시리즈들은 기록관리 교육 프로그램에서 특히 유용하다는 것이 입증되었다. 또한 원래 전문학술지에 실린 논문을 선별하여 편집한 다음의 책 또한 교사들이나 학생들에게 유용하게 활용되었다. Maygene F. Daniels 및 Timothy Walch 편의 *A Modern Archives Reader: Basic Readings on Archival Theory and Practice*(Washington, D.C.: National Archives and Records Service, 1984, xvi ＋ 357 pp.)는 기록관리의 모든 측면을 다루는 가운데 고전적인 논문과 현대적인 개선 사이의 균형을 유지하면서도 기록에 대한 가장 영향력 있는 사고를 담은 논문을 싣는데 성공하였다.

1980년대에는 세 개의 중요한 기록관리 교과서 단행본이 출간되었다. 그 첫 번째가 Michael Cook의 *The Management of Information from Archives*(Brookfield, Vermont: Gower Publishing Co., 1986, ix＋234 pp.)이다. 특히 이 책은 기록관리 업무를 정보관리라는 새로운 분야의 넓은 맥락 속에 위치시킨 점 때문에 주목할 가치가 있었는데, 영국의 관점에서 쓰여져 미국에서는 그 가치만큼 널리 읽히지는 않았다. 외국인의 저술로서 보다 성공한 것은 Ann Pederson이 편집한 *Keeping Archives*(Sydney: Australian Society of Archivists, 1987, x ＋ 374 pp.)인데, 이 책은 눈 깜짝할 사이에 기록관리교육 프로그램과 워크숍에서 가장 일반적으로 쓰이는 교재가 되었다. 이론적 논의의 사례로서 각종 서식, 도표, 사진 등을 곁들인 이 공저는 특히 기록관리 프로그램을 수립하려는 아키비스트나 제한된 인력과 예산범위에서 일하는 사람들에게 유용하다. 공동저술된 책으로서 가장 최근의 것은 James Gregory Bradsher가 편한 *Managing Archives and Archival Institutions*(Chicago: University of Chicago Press, 1988, xvi+304 pp.)이다. 이 책은 규모가 큰 기록관을 위한 시각을 담고 있지만, 기록관리역사 및 자동화기술의 기록관리 적용에 관한 중요한 내용을 담고 있다. 이 책의 유능한 공동저자 대부분은 미 국립기록청 직원 출신이다.

## 기록학 이론

아키비스트는 언제나 자신의 직업에서의 이론적 강조점과 애증의 관계를 맺고 있다. 아키비스트가 하는 일은 다량의 기록을 관리하는 일이며 한편으로 그러한 다양한 자료를 이용하면서도 관리에 관한 이론적 숙고를 참지 못하는 이용자들을 돕는 실무 문제들로 이루어져 있다. 어떤 이는 기록학 이론이란 것은 없으며, 단지 적용되는 한에 있어 중요한 공동의 원칙이 있을 뿐이라고 주장하기까지 하였다. 이러한 비판자들은 더 나아가 아키비스트는 자기들이 하는 일에 대하여 떠들지만 말고 그저 그 일을 하기만 하면 된다고 까지 하였다. 이런 순수이론에 반대하는 경향에도 불구하고 지금까지 상당수의 중요한 이론적 연구가 진행되어 왔다.

이론 이론분야에서의 주요 논문으로서 많은 반향을 불러일으킨 것이 Frank G. Burke 의 "The Future Course of Archival Theory in the United States," *American Archivist* 44(1980): 40-46이다. 버크는 전문이론의 부족을 지적하면서 기록자료의 생산 우선적인 보존이유를 포함해 앞으로 나올 새로운 이론가들이 대답해야 할 몇 가지 문제를 제기했다. 또한 전문이론을 발전시킬 연구를 수행하는데 있어 대학 전임교원의 역할 중요하다고 주장하였다. 이런 문제에 주목한 논문이 Michael Lutzger의 "Max Weber and the Analysis of Modern Bureaucratic Organizations: Notes Toward a Theory of Appraisal," *American Archivist* 45(1982): 119-130으로서 특정한 기록관리 문제에 폭넓은 사회과학적 분석을 적용하였다. Clark Elliott의 "Communications and Event in History: Toward a Theory for Documenting the Past," *American Archivist* 48(1985): 357-368은 실제 사건과 나중에 남겨진 그 사건에 관한 기록 사이의 관계를 탐구하였다. Hugh Taylor의 " 'My Very Act and Deed': Some Reflections on the Role of Textual Records in the Conduct of Affairs," *American Archivist* 51(1988): 456-469도 많은 사례를 제시하며 이와 같은 문제에 관해 다루었다.

기록관리 업무의 특정분야가 이론적 재검토의 초점이 되었는데 그 중 가장 주목된 것이 평가영역이다. Nancy E. Peace 편의 *Archival Choices: Managing the Historical Record in an Age of Abundance*(Lexington, Mass.: Lexington Books, 1984, 164 pp.)에 수록된 논문들 모두는 보존하기에는 너무 많은 기록물이 존재하는 시대에 중요한 기록을 어떻게 선별하여 보존할 것인지의 문제와 씨름하였다. 문서화전략(Documentation Strategy)라고 불리운, 평가에 대한 보다 적극적이며 의도적이고 계획된 접근방식을 주장하는 아키비스트도 있었다. 이런 접근의 이론적 강조점은 Helen W. Samuels의 "Who Controls the Past," *American Archivist* 49(1986): 109-124; Larry J. Hackman 및 Joan Warnow-Blewitt의 "The Documentation Strategy Process: A Model and a Case Study," *American Archivist* 50(1987): 12-47; Richard J. Cox의 "A Documentation Strategy Case Study: Western New York," *American Archivist* 52 (1989): 192-200 등에서 볼 수 있다.

기록 정리이론에 대해서도 새로운 주목이 나타났다. 아키비스트는 여전히 레코드그룹과 시리즈라는 전통적인 개념의 시각에서 기록을 생각하였으나 현대기록현실이 이 분야에서도 평가분야와 마찬가지의 재검토를 필요하게 하였다. 끊임없이 변화하는 관료조직이 막대한 양의 기록을 생산하는 현실속에서 해당 조직구조와 기록 분류체계를 일치시키기는 어려웠다. 컴퓨터로 기록을 생산하고 조직하게 되면서 어떤 기록이 있어야 할 '적절한' 위치라는 문제도 덜 중요하게 되었다. 다시 말해 컴퓨터에 의해 언제 어디서나 어떤 경우에도 쉽게 정보검색이 가능한데 물리적인 출처라는 사고가 더 이상 무슨 의미를 갖는가 라는 것이다.

Richard C. Berner의 *Archival Theory and Practice in the United States: A Historical Analysis* (Seattle: University of Washington Press, 1983, xviii + 219 pp.)는 제목은 포괄적이지만 분류와 기술문제를 집중해서 다루면서 전통적인 기록관리 실무가 어떻게 발전해 왔는가에 관해 서술하였다. Richard H. Lytle은 "Intellectual Access to Archives," *American Archivist* 43(1980): 64-75 및 191-207과 Richard H. Lytle 및 David A. Bearman의 "The Power of Principle of the Provenance," *Archivaria* 21 (1985-1986): 14-17에서 출처의 유용함에 관해 탐구하면서 원칙에 대한 주장과 동시에 그것을 재규정하는 신정통론 (neo-orthodox)적 분석을 시도하였다. Max J. Evans의 "Authority Control: An Alternative to the Record Group Concept," *American Archivist* 49(1986): 249-261은 전통적인 도서관 용어를 아키비스트의 활용에 맞게 바꾸면서 출처에 대한 보다 체계적인 비판을 제시했다.

## 기록관리 역사

의외로 오랫동안 역사나 역사연구와 관계해 온 기록전문직에 관한 역사에 할애된 관심은 적었다. 그렇지만 기록전문직 성숙하면서 기록관리 역사에 대한 관심도 높아지고 있다. 이와 관련해서는 포스너의 고전적 저술이 있다. 그 중 몇 논문은 Ken Munden이 편한 *Archives and the Public Interest: Selected Essays of Ernst Posner*(Washington, D.C.: Public Affairs Press, 1967, 204 pp.)에 실려 있다. Ernst Posner 저, *Archives in Ancient World* (Cambridge, Massachusetts: Harvard University Press, 1972, xvii + 283 pp.) 역시 중요한데, 이 책이 다루는 기록관리 역사의 시대범위는 메소포타미아에서 고대이집트, 로마 시대에 걸쳐있다. 미국 기록관리 역사에 관한 글 대부분은 국립기록관에 관해 다루고 있다. 국립기록관에 대한 자세한 개관은 Donald R. McCoy의 The National Archives: America's Ministry of Documents, 1934-1968(Chapel Hill: University of North Carolina Press, 1978, ix + 437 pp.)를 참조할 수 있다. 미국의 기록관리 역사에 대한 또다른 보편적인 관심 대상은 미국 아키비스트협회이다. 이에 관한 대표적인 연구는 William F. Birdsall의 "The Two Sides of the Desks: The Archivist and the Historian, 1909-1935," *American Archivist* 38(1975): 159-173과 J. Frank Cook의 "The Blessings of Providence on an Association of Archivists," *American Archivist* 46(1983): 374-399이다. 이외에도 초기 아키비스트에 대한 인물사 연구등의 특정 기록관 역사에 관한 연구도 나왔다.

근래 기록관리의 역사에 관한 연구는 기록이 만들어지는 이유와 인간사회에서 기록이 맡은 역할에 관한 철학적·인류학적 연구까지 다양화되는 경향을 보이고 있다. 아키비스트는 구술문화와 쓰기문화 즉, 기록을 만들어내는 사회와 그렇지 않은 사회의 관계에 관해서 흥미를 갖게 되었다. Albert B. Lord의 *The Singer of Tales*(Cambridge, Massachusetts: Harvard University Press, 1960, xv + 309 pp.)는 호머 작품을 대상으로 구술전승과 기록전승 사이에 나타나는 관계를 연구한 것이다. M. T. Clanchy의 *From Memory to Written Record: England*, 1066-1307(Cambridge, Massachusetts: Harvard University Press, 1979, xiv + 330 pp.) 역시 같은 접근방식을 취하였다. Walter J. Ong의 *Orality and Literacy: The Technologizing of the Word*(London: Methuen, 1982, x+201 pp.)는 철학적 관점을 제시했으며, J. David Bolter의 *Turing's Man: Western Culture in the Computer Age*(Chapel Hill: University of North Carolina Press, 1984, xii+264 pp.)는 자동화에 대한 광범위한 문화적 영향에 관해 연구하였다. 이상의 인식을 기록의 수집과 보존에 적용하고자 한 것으로는 Henry D. Shapiro의 "Putting the Past Under Glass: Preservation and the Idea of History in the Mid-Nineteenth Century," *Prospects: An Annual of American Cultural Studies* 10(1985): 243-278 그리고 James M. O'Toole의 "On the Idea of Permanence," *American Archivist* 52(1989): 10-25 등이 있다.

## 전문학술지

아키비스트가 볼 수 있는 전문학술지의 글은 매우 광범위하며 그 수준도 지속적으로 높아지고 있다. 한때는 간략하고 실용적인 글이 지배적이었으나 최근 발표된 전문적 논문은 보다 넓어진 관점을 취하고 있다. 전문학술지의 구독은 대개 특정 협회에 가입한 회원에 한하는 것이지만 광범위한 학술지 내용은 기록에 관한 문제에서 다양하게 분화된 사고의 결과를 이용가능하고 유효하게 만들었다.

미국에서 가장 먼저 나온 학술지는 *The American Archivist*로서 1938년 미국 아키비스트협회가 계간으로 발간하였다. 이는 미국의 대표적인 기록관리 학술지였으며 이를 보완하는 것으로서는 이 협회의 격월간 소식지가 있다. 미국의 중요한 또다른 기록전문학술지는 반년간으로서 1976년 Midwest Archives conference가 발간한 *The Midwestern Archivist*와 1973년 이래 역시 1년에 두 번 조지아 주 아키비스트협회가 펴낸 *Provenance*이다. '유명한' 서명 원본문서들에 주목하던 *Manuscript*는 한편으로는 그런 문서들의 거래시장에 주의를 기울인 American Manuscript Society가 1948년부터 계간으로 간행해 온 학술지이다. *Records Management Quarterly*는 ARMA(Association of Records Managers and Administrators)가 1966년부터 펴낸 잡지이다. 이 학술지는 현용기록관리에 관한 문제를 집중적으로 다루었으며 전산화와 축소전사(micrographics)에 관해 계속적으로 관심을 두었다. 보다 최근인 1986년에는 *Archival and Museum Informatics*가 전문잡지에 추가되었는데 여기에는 기록관을 염두에 둔 자동화 방법과 기계로 읽을 수 있는 매체의 기록 두 가지에 관한 자세한 분석결과와 기술보고서가 실려 있다.

기록관리문제에 한정되지 않은 학술지에도 흔히 아키비스트가 관심을 가질만한 글이 실려 있다. 이상하게도 역사학 전문학술지는 역사연구의 기반 기록에 관한 주제를 외면하는 경향을 보여 왔지만, *Journal of American History*에는 1987년부터 일 년에 한 차례 짧게 'Archives and Manuscripts' 섹션이 게재되고 있다. American Association for State and Local History의 격월간 잡지 *History News*(1946년 발간)는 좀더 유용한데, 특히 역사협회나 박물관 등에 소속된 작은 기록관이 소장한 기록에 관한 좋은 정보원이다. 1978년 발간된 계간 *Public Historian*에는 비전통적 역사연구의 범위 안에서의 기록에 관한 내용이 포함되며 기록에 관한 전체 쟁점에 관심을 쏟는다. *Oral History*(1973년 발간)나 *Documentary Editing*(1979년 발간)은 기록과 유기적으로 관계를 맺고 있는 같은 종류의 학문을 위한 유용한 학술지이다.

아쉬운 일이지만 미국의 아키비스트는 너무나 일반화된 미국적 편협함 때문에 외국 학술지에 주목하지 않는다. 그러나 조금만 노력하면 당연히 주목해야 할 몇몇 우수 학술지를 찾을 수 있다. 1975년 이래 캐나다아키비스트협회(ACA: Association of Canadian Archivists)에서 발간해 온 *Archivaria*는 '국경 이남'인 미국의 일반적인 경향에 비해 기록학 이론이나 기록관리 역사에 대하여 보다 지속적인 관심을 기울여왔다. 영국의 기록관리 학술지로는 1967년 간행된 *Journal of the Society of Archivists*가 있다. 미국의 아키비스트에게 이 학술지가 유익한 점은 영국의 문화나 사회의 다른 요소들과 함께 대서양을 건너온 기록관리 실무를 담고 있기 때문이다. *Archivum*(1951년에서 1971년까지는 연간으로 그 후에는 부정기 간행)은 ICA(International Council on Archives)의 간행물로서 유럽의 관점이 지배적이었다가 점차 제3세계에 관한 문제도 다루고 있다. 마지막으로 ASA(Australian Society of Archivists)가 1964년부터 펴낸 *Archives and Manuscripts*는 성장하는 호주 대륙 기록전문직의 활기가 반영된 훌륭한 학술지이다.

*     *     *

장차 업무수행에 필요한 지식을 확대·심화시키고자 하는 학생이나 경험 있는 전문직 종사자들은 위에서 언급한 자료와 그외 다른 정보원에서도 많은 것을 얻을 수 있을 것이다. 기록관리 관련문헌이 다루는 범위와 양이 확장됨에 따라 아키비스트가 지닌 지식, 가치, 활동방식에 새로운 이론·응용방식·기준·실무방식 등이 추가될 것이다. 그 어떤 건실한 전문직에게서와 마찬가지로 기록전문직에게도 그것은 당연한 것이다.